**12 lecciones**

Para líderes que quieren lo ... es

# LECCIONES
## Bíblicas Creativas

### ESTEBAN OBANDO & ELIEZER RONDA

## LOS REYES

### 12 lecciones para profundizar en los planes de Dios

Para líderes que quieren lo mejor para sus jóvenes

# LECCIONES
## Bíblicas Creativas

### ESTEBAN OBANDO & ELIEZER RONDA

## LOS REYES

**12 lecciones para profundizar en los planes de Dios**

*La misión de Editorial Vida es ser la compañía líder en satisfacer las necesidades de las personas con recursos cuyo contenido glorifique al Señor Jesucristo y promueva principios bíblicos.*

**LECCIONES BÍBLICAS CREATIVAS: LOS REYES**

Edición en español publicada por
Editorial Vida – 2014
Miami, Florida

Este título también está disponible en formato electrónico.

Traducción: n/a
Edición: *Madeline Diaz*
Diseño interior: *Luvagraphics*

ISBN 978-0-8297-6595-3

CATEGORÍA:  Ministerio Cristiano /Juventud

IMPRESO EN ESTADOS UNIDOS DE AMÉRICA
PRINTED IN THE UNITED STATES OF AMERICA

14 15 16 17 18 ❖ 6 5 4 3 2 1

# Contenido

# Introducción

## ¡De otro mundo!

¿Cuál es nuestra meta en el ministerio juvenil? ¡Que la vida de los jóvenes sea transformada por medio de la Palabra de Dios y que logren tener una relación personal con Jesús! No importa si no te agradecen por lo que haces o dejas de hacer. Lo que debe interesarte es que la vida de los muchachos experimente transformaciones positivas. Sabemos que esto es algo difícil, sin embargo, te animamos a que pienses en la gran posibilidad que tienes de impactar a otras personas, a tus jóvenes, y a través de ellos a toda una generación. Así que no te sientas como de otro mundo, somos concientes de lo arduo que puede ser el trabajo. No eres el único que se ha enfrentado a la tarea. Estamos contigo.

Por otro lado, tenemos la responsabilidad de enseñar toda la Biblia (no solo las partes fáciles o las que nos convienen), ya que «toda la Escritura es inspirada por Dios y útil para enseñar, para reprender, para corregir y para instruir en la justicia, a fin de que cada joven esté bien capacitado para toda buena obra» (2 Timoteo 3.16-17, paráfrasis).

Permítenos recordarte algunos aspectos de la vida cotidiana de nuestros chicos que debes tener en cuenta a fin de desarrollar lecciones más impactantes:

1. *Prioridades.* Perder el tiempo, no hacer nada, ver televisión, jugar videojuegos (Play Station, Xbox) o juegos «on line», así como otras actividades por el estilo, se han vuelto las prioridades principales de muchos de los adolescentes. Cumplir los sueños, lograr metas o crecer de forma integral son cosas que se predican poco y se practican menos entre la juventud.

2. *Familia*. Algo serio sucede hoy en las familias. El diablo está haciendo de las suyas con este maravilloso invento que Dios instituyó («Sean fructíferos y multiplíquense; llenen la tierra y sométanla...», Génesis 1.28). Cada día, los divorcios se multiplican, y parece haber más separaciones que parejas que se casan. Resulta muy importante que tomes esto en cuenta, ya que de seguro muchos de tus chicos estarán enfrentando esta situación familiar.

3. *Amigos*. Existe una relación intrínseca entre ser adolescente y tener amigos. Sin embargo, a pesar de esta realidad encontramos dos situaciones. Algunos chicos establecen amistades con facilidad, pero a otros les cuesta hacer amigos, hablar con alguien o simplemente saludar a los demás. Observamos esto en las escuelas, las iglesias y muchos otros contextos en los que se desenvuelven. Simplemente, estos chicos no han aprendido a ser y hacer amigos. Por otro lado, enfrentan la necesidad de ser entendidos por sus pares y pertenecer a un grupo.

4. *Sociedad y medios*. Los medios de comunicación, hoy más que nunca, tienen un impacto transformador en la perspectiva de la vida de muchos chicos, quienes creen que el mensaje que ellos ofrecen es veraz y confiable. Cada día se dictan transformaciones culturales que someten a los jóvenes a acciones imprudentes. La cultura de la imagen castiga con dureza a muchas chicas, las cuales pasan muchas horas en el gimnasio hasta desmayar para poder tener el cuerpo de la artista del momento.

5. Convicciones. La Biblia, Dios, Jesús y el Espíritu Santo no son más el centro de partida para tomar decisiones, actuar, pensar o expresarse. Si existen convicciones, estas se transforman según la situación. «Todo depende» es el lema de hoy en día. Los valores se adaptan a los propios pensamientos y el estilo de vida. Ya el absoluto de Dios «pasó de moda».

6. *Modelos*. A pesar de tanta corrupción en nuestra sociedad, nuestros chicos aún necesitan figuras a las que imitar. Necesitan modelos de referencia que les muestren cómo vivir una vida caracterizada por el temor de Dios. Esta sección es particularmente importante, ya que sin duda alguna... ¡tú eres uno de esos modelos!

Con todo lo anterior en mente, hemos creado estas lecciones a fin de trabajar con los chicos, de forma que los puedas guiar a un cambio espiritual que redunde en una transformación integral de sus vidas. Te facilitamos estas herramientas por medio de este libro para que continúes con el trabajo ya iniciado. Somos compañeros en este sueño, somos compañeros en este viaje, somos compañeros de trinchera.

# ¿Cómo usar este material?

En esta parte queremos guiarte paso a paso a través de cada lección. Es importante que comprendas muy bien cada elemento, ya que facilitará el adecuado desarrollo de tu clase. Cada una de las lecciones se compone de varias secciones a fin de que las utilices con tus chicos.

Ten en cuenta los siguientes consejos:

**1.** Este libro te ofrece sugerencias de lo que puedes hacer, pero no debes limitarte a las mismas. Usa tu imaginación y mejora cada lección. Siéntete en libertad de efectuar cambios de acuerdo a tus propias ideas.

**2.** Los libros acerca de los reyes están escritos en un idioma que tus jóvenes no emplean, así que facilítales el entendimiento usando una versión de la Biblia que puedan entender. Te recomendamos la Nueva Versión Internacional.

**3.** Estas lecciones están diseñadas para que duren cerca de una hora. En algunos casos tendrás más o menos tiempo, así que es conveniente que midas bien lo que vas a hacer para que controles de manera correcta la duración de la lección.

**4.** Los grupos juveniles varían en tamaño en cada iglesia. Contextualiza cada actividad para lograr la mayor efectividad posible. Si trabajas con grupos pequeños, deberás hacer algunos cambios según lo consideres.

**5.** Es muy importante que antes de cada lección busques a otros líderes o facilitadores que te ayuden con la misma. Debes hacerlo con tiempo para que ellos sepan exactamente en qué consiste la lección y sean un apoyo en la enseñanza de los jóvenes.

**6.** Ten en cuenta que el mejor aprendizaje se da cuando los chicos mismos descubren las verdades. Dicho esto, recuerda utilizar mucho el recurso de la pregunta. Permíteles participar una y otra vez. Hazles preguntas que desafíen su intelecto y los obliguen a pensar. No hagas preguntas cuyas respuestas puedan ser solo «sí» y «no», sino algunas que activen sus neuronas.

**7.** ¿A quién no le gustan las historias? Cada rey te ofrece una historia en particular, en un contexto específico. Antes que entres a la esencia de lo que quieres enseñar, transporta a tus jóvenes al momento en que vivía el rey. Entusiásmalos y llévalos a un mundo muy diferente al de ellos, pero con problemáticas similares.

**8.** El espacio físico es muy importante. Si las reuniones las haces en el mismo salón donde celebran los servicios para los adultos los domingos, asegúrate de darle al mismo un aspecto más informal. Si la capacidad total es de cien personas, pero tu grupo solo tiene cuarenta, entonces haz algo para diferencias las cien sillas de las cuarenta de tus jóvenes. La idea es que sientan que están en un ambiente informal y seguro. Si tienen un salón aparte, mucho mejor. Intenta que se encuentren cerca y cómodos dondequiera que estén.

**9.** Cada lección se divide de la siguiente manera:

- **Título**: Aquí se ofrece el dato de lo que hablaremos de manera central. Cada lección puede llevarte a muchos microtemas, pero nos enfocaremos en uno por lección.

- **Antes de empezar**: En algunas lecciones te daremos algunos consejos sobre qué hacer antes de empezar la clase. Recuerda que una lección efectiva se inicia mucho tiempo antes de que la estés enseñando. No te olvides de hacer las cosas con excelencia para tus chicos.

- **Objetivos**: Esta sección responde a *¿Qué quiero lograr con mis jóvenes?* Es importante que siempre estés claro en cuanto a lo que deseas conseguir. Recuerda que quien no le apunta a nada, siempre da en el blanco. ¡Sé específico!

- **Textos clave**: Estudiar todo el libro verso a verso te tomaría horas. Te aconsejamos verlo todo de una forma general, pero enfocarte en un hecho particular que tuvo lugar en ese tiempo. Además, hemos añadido algunos versículos adicionales que te pueden apoyar en la enseñanza.

- **Trasfondo general**: Cada rey vivió en circunstancias diferentes, y en esta sección ponemos en perspectiva cada una de ellas. La idea es que entres al tema ya conociendo las generalidades.

- **Lo que necesitarás**: Aquí se indica cada cosa que será necesaria durante la lección. No dejes de revisar esta parte de modo que nada te tome por sorpresa.

- **Para empezar**: El primer paso es la introducción o el rompehielos. Cada actividad va enfocada en dirección al tema que queremos tratar.

- **Al grano: eje central**: El eje central es la lección propiamente dicha. Hemos preparado un material llamado eje central que puedes usar en los grupos pequeños con facilitadores. Este líder será clave para que el tema se desarrolle de manera adecuada. Encontrarás dinámicas generales y en grupos pequeños. Usamos el recurso de los grupos pequeños porque esto le da espacio al joven para que pueda participar en un círculo menos intimidante de solo cuatro o cinco personas. Intenta cambiar la forma de organizar los equipos cada vez que utilices esta dinámica. Puedes hacerlo según las edades, el género, el lugar donde viven, la forma en que estén vestidos o alguna otra característica distintiva. Busca formas creativas de organizar los grupos. No uses siempre el mismo criterio.

- **Tiempo de aplicación**: Si lo que enseñas no puede ser llevado a la práctica, solo estamos supliendo el intelecto de los chicos. Asegúrate de ofrecer ideas en cuanto a cómo aplicar las verdades asimiladas a sus vidas. Las aplicaciones generales te hablarán de principios que pueden ser llevados a la práctica como iglesia o grupo, mientras que las aplicaciones específicas le indicarán al joven qué hacer a nivel personal.

- **Memorización de versículos**: Hemos introducido una aplicación más en cada lección que tiene que ver con atesorar en la mente los versículos bíblicos. Sé creativo a la hora de enseñarlos. Recuerda que estamos hablando de la Palabra de Dios. En algunas lecciones te sugerimos algunas ideas para llevar a cabo esta memorización. Puedes ponerlas en práctica, modificarlas o usar otras que se adapten mejor a tu contexto.

- Asegúrate de leer toda la historia del rey que van a estudiar antes de dar la lección al menos en dos versiones bíblicas diferentes. Es importante que conozcas todo el contexto y no solo la porción que vas a enseñar. Si no sabes exactamente de qué está hablando el profeta, busca las ayudas que te damos u otras diferentes que encuentres en algún diccionario bíblico, comentario o por medio de la ayuda de tu pastor.

# LECCIÓN 1

## «Ezequías.
## Las instrucciones de Dios »

## Ezequías presenta...
# LAS INSTRUCCIONES DE DIOS

## Objetivos

*Que los jóvenes:*

- Entiendan la importancia de seguir las instrucciones de Dios para sus vidas.

- Consideren las consecuencias de su obediencia.

- Consideren las consecuencias de su desobediencia.

## Textos clave

- 2 Reyes 18.1-8 (principal)

- Josué 1.7-8

- 2 Timoteo 3.16-17

- Salmos 119.105

- Salmos 119.9

## Lo que necesitarás

- Al menos dos LEGOs con sus instrucciones. Preferentemente que uno sea algo más difícil que el otro.

- De no conseguir los LEGOs, emplea cualquier cosa que deba armarse por medio de instrucciones. Este es el punto de toda la lección.

- Premio para la actividad introductoria. Mientras más excelente sea el premio, el punto quedará mejor ilustrado. Un chocolate grande tendrá un mayor efecto que un dulce.

# Para empezar

¡ACTIVA!

De acuerdo al tamaño de tu grupo, forma pequeños «equipos» de seis o siete jóvenes. Esta dinámica funciona muy bien si decides llevar a cabo una competencia entre sexos. Los desafíos entre hombres y mujeres son muy bien aceptados en todo momento, siempre y cuando sepas establecer una competencia sana.

Entrégale a cada equipo un juego de LEGO. (Este debe ser pequeño. Hay LEGOs de cientos de piezas y otros de veinticinco o treinta. Necesitarás uno de los pequeños.)

Los LEGOs siempre traen un librito de instrucciones con el «paso a paso». Dale a cada equipo la imagen del producto terminado, pero solo a uno el libro completo con las instrucciones.

La competencia la gana quien termina la tarea no solo más rápido, sino mejor. Tiene más valor que lo hagan bien antes que lo hagan rápido. (Para que garantices el éxito el juego, asegúrate de darle al equipo de los hombres un LEGO más grande, con más piezas.)

De no conseguir LEGOs, puedes usar rompecabezas pequeños. La variante aquí es que a un equipo le darás la imagen final y al otro no.

Al final de la experiencia, entrega premios solo a los que ganaron (esperamos que sean las mujeres) y déjalos que festejen. Si eres varón, permite que una líder sea la que dé los resultados y disfruten de una minifiesta de sesenta segundos.

Luego puedes preguntar: ¿Por qué ganaron las mujeres? (prepárate para todas las excusas posibles de los varones y la discusión generalizada. Permíteles expresarse).

Puedes contestar: *Las instrucciones resultan esenciales para ganar los concursos. Las habilidades que tenemos no siempre son suficientes. La mayoría de las cosas importantes en la vida requieren que alguien más nos diga cómo hacerlas, y para esto se necesita humildad. Les pregunto: ¿Quiénes de ustedes desean ganar siempre en la vida? (Déjalos que respondan con sus manos. Si tus chicos son «normales», la mayoría de ellos levantará la mano).*

Continúa diciendo: *Todos queremos ganar. Ganar es bueno, resulta divertido, te da alegría. Increíblemente, Dios nos ofrece una «fórmula» para que ganemos en nuestra vida. Él dijo: «Tendrás éxito en todo». ¿Qué les parece? ¿Me creen?* Dios indicó: «*Sólo te pido que tengas mucho valor y firmeza para obedecer toda la ley que mi siervo Moisés te mandó. No te apartes de ella para nada; sólo así tendrás éxito dondequiera que vayas. Recita siempre el libro de la ley y medita en él de día y de noche; cumple con cuidado todo lo que en él está escrito. Así prosperarás y tendrás éxito*» (Josué 1.7-8).

Dios nos muestra el modo en que podemos ser exitosos. Lo que nos dice en este versículo es:

- Necesitamos fuerza y valor para obedecer.

- Esta obediencia significa no apartarse de las instrucciones.

- Esta obediencia significa meditar todo el tiempo en las instrucciones.

- Esta obediencia significa cumplir lo que las instrucciones dicen.

- ¿De que nos vale conocer las instrucciones si no vamos a seguirlas?

¿Saben como se llaman esas instrucciones de Dios para nosotros?... ¡Sí! Se llaman la Biblia (levanta una Biblia muy en alto).

Uno de los principales errores que hemos cometido en nuestro caminar de fe es creer que leemos y cumplimos la Biblia para que Dios esté contento, cuando en realidad él nos da las Escrituras para que las cumplamos y de ese modo tener una vida exitosa. En otras palabras, la Biblia es para nosotros, no para Dios. Él no necesita leer la Biblia ni cumplirla. Él no es humano. Quienes la necesitamos somos nosotros.

- Es por eso que debemos entender que no hay nada más inteligente que hacer lo que Dios dice. ¿Por qué? Porque obedecerlo a él trae beneficios a nuestra vida.

- En la Biblia se cuenta acerca de un rey que nos enseña esto de una manera muy clara, y quiero que lo estudiemos hoy...

# Trasfondo general

**Explica:** *Ezequías fue rey de un país llamado Judá. Fue un rey bueno y su reinado tuvo lugar setecientos años antes de que naciera Jesús. Él comenzó a reinar a los veinticinco años. ¡Imagínate! No existen presidentes en nuestros países con esa edad. Sin embargo, en Judá, este joven empezó a desempeñarse como el gobernante principal de todo un país.*

*Ahora bien, la Biblia afirma que él fue un gran rey, pero hubo algo que lo hizo grande. Vamos a leer este pasaje: «Ezequías hijo de Acaz, rey de Judá, ascendió al trono. Tenía veinticinco años cuando ascendió al trono, y reinó en Jerusalén veintinueve años [...] Ezequías hizo lo que agrada al Señor, pues en todo siguió el ejemplo de su antepasado David. Quitó los altares paganos, destrozó las piedras sagradas y quebró las imágenes de la diosa Aserá. Además, destruyó la serpiente de bronce que Moisés había hecho, pues los israelitas todavía le quemaban incienso [...] Ezequías puso su confianza en el Señor, Dios de Israel. No hubo otro como él entre todos los reyes de Judá, ni antes ni después. Se mantuvo fiel al Señor y no se apartó de él, sino que cumplió los mandamientos que el Señor le había dado a Moisés. El Señor estaba con Ezequías, y por tanto éste tuvo éxito en todas sus empresas» (2 Reyes 18.1-8).*

*Prepárate para que los chicos te hagan preguntas acerca de Aserá y la serpiente de Moisés. No te detengas en eso, así que ten lista una respuesta breve y continúa con el tema.*

*¿Qué lo hizo grande? (Déjalos que respondan.) Quiero proponerles que profundicemos un poco en este rey que tuvo Judá.*

# Al grano: eje central

Antes de repartir las hojas de trabajo y formar grupos pequeños, invita a un joven de la misma edad que ellos y esté dispuesto a contar un testimonio pequeño de cierta ocasión en la que él o ella sabía que Dios le había dicho que hiciera algo (o que no lo hiciera) y por desobedecerlo tuvo que pagar un precio en su vida. Otra opción es que lleves a cabo una breve entrevista de unas cuatro preguntas. De esta forma tú tienes el control del tiempo.

Agradécele públicamente a la persona por ser valiente y querer compartir esto que era difícil para él o ella.

*Comenta:* Hoy estamos hablando de un hombre que vivió hace casi tres mil años. Sus historias no son tan populares, sin embargo, aun hoy en día se le recuerda. Su fama tiene que ver con una vida exitosa, no perfecta, pero sí exitosa. Y el éxito radica solo en la persona de Dios y la obediencia de un ser humano. No importó su edad, ya que desde joven tuvo como prioridad obedecer a Dios, y Dios mismo lo recompensó con éxitos constantes. ¿No nos gustaría que lo mismo nos sucediera a nosotros?

Los triunfos no se obtienen gratis. Ezequías tuvo que hacer algunas cosas. Según el pasaje que leímos, ¿cuáles fueron las acciones de Ezequías?

Proyecta el pasaje o pídele que lo busquen ellos mismos en la Biblia. La idea es que puedas ayudarlos a encontrar las siguientes acciones:

1. Ezequías siguió el ejemplo de su antepasado David.

2. Ezequías puso su confianza en el Señor.

3. Ezequías se mantuvo fiel al Señor y no se apartó de él.

4. Ezequías cumplió los mandamientos que el Señor le había dado a Moisés.

5. El resultado fue que Ezequías tuvo éxito en todas sus empresas.

# Ayúdalos a pensar...

*¿Cuáles de las cosas que Ezequías hizo estamos nosotros poniendo en práctica hoy? ¿Qué nos impide ser personas exitosas? La respuesta es la OBEDIENCIA.*

Divídelos en grupos de no más de cinco personas y haz que cada grupo escoja uno de estos versículos para formularles las preguntas que aparecen en la hoja de trabajo.

- Josué 1.7-8
- 2 Timoteo 3.16-17
- Salmos 119.105
- Salmos 119.9

# Aplicaciones

- Reúne a todos los chicos para finalizar la lección.

- Pregúntales qué podemos aprender de esta enseñanza (permite que tres o cuatro jóvenes participen).

- Averigua cómo se puede llevar esto a la práctica (algunos dirán cosas muy vagas como: «Hay que leer más la Biblia», así que ayúdalos a hacerlo más práctico con preguntas como: «¿Cuándo lo harás? ¿Cómo lo harás? ¿Donde lo harás? ¿Qué leerás?»). - - - - - - - - - - - - - - - - - - - - - - - -

- - - - - - - - - - - - - - - - - - - - - - - - - - - - - -

- Debes estar listo con cosas muy prácticas en el caso de que no haya mucha participación. - - - - - - - - - - - - - -

- - - - - - - - - - - - - - - - - - - - - - - - - - - - - -

- Pregunta cómo podemos ayudarnos como jóvenes entre nosotros a fin de aprender, meditar y obedecer la Palabra de Dios.

# Memorización de versículos

Hay mil formas de que aprendan el verso. Puedes usar premios, competencias, recursos nemotécnicos, repeticiones, canciones, etc. Sé creativo al respecto.

*«¿Cómo puede el joven llevar una vida íntegra? Viviendo conforme a tu palabra». Salmos 119.9*

## Hoja de trabajo
## EJE CENTRAL

# Decidiendo por la obediencia

Ser obediente no es sencillo. Es más, requiere dedicación y esfuerzo. Sin embargo, obedecer la voluntad de Dios nos garantiza que siempre haremos lo mejor y por consiguiente obtendremos mejores resultados en nuestra vida.

Veamos el ejemplo de Ezequías:

Ezequías siguió el ejemplo de su antepasado David.

- ¿Tienes a alguien que pueda ser un ejemplo en tu vida? _ _ _ _ _ _ _ _ _ _ _ _ _ _ _ _ _ _ _ _ _ _ _ _ _ _ _ _ _ _ _ _ _ _ _ _ _ _ _ _ _ _ _ _ _ _ _

- ¿Hay una persona a la que puedas pedirle consejo sobre lo que Dios dice? _ _ _ _ _ _ _ _ _ _ _ _ _ _ _ _ _ _ _ _ _ _ _ _ _ _ _ _ _ _ _ _ _ _ _ _

Ezequías puso su confianza en el Señor.

- ¿Habrá cosas que Dios pide que requieran mucha fe? _ _ _ _ _ _ _ _ _ _ _ _ _ _ _ _ _ _ _ _ _ _ _ _ _ _ _ _ _ _ _ _ _ _ _ _ _ _ _ _

- ¿Qué significa confiar en Dios? _ _ _ _ _ _ _ _ _ _ _ _ _ _ _ _ _ _ _ _ _ _ _ _ _ _ _ _ _ _ _ _ _ _ _ _ _ _ _ _ _ _

- ¿Por qué podemos confiar en él? _ _ _ _ _ _ _ _ _ _ _ _ _ _ _ _ _ _ _ _ _ _ _ _ _ _ _ _ _ _ _ _ _ _ _ _ _ _

Ezequías se mantuvo fiel al Señor y no se apartó de él.

- ¿Qué creen que es la fidelidad? _ _ _ _ _ _ _ _ _ _ _ _ _ _ _ _ _ _ _ _ _ _ _ _ _ _ _ _ _ _ _ _ _ _ _ _ _ _ _ _ _

. ¿Por qué es difícil hacer lo que Dios pide?

. La fidelidad a Dios es como la fidelidad a un esposo(a) o novio(a). ¿Significa esto que no cambiaré lo que Dios me ha dicho por lo que nadie más pueda decirme?

Ezequías cumplió los mandamientos que el Señor le había dado a Moisés.

. ¿Cómo puedo cumplir lo que Dios manda?

. ¿Qué papel juegan en esto mis amigos, la iglesia, los líderes?

El resultado fue que Ezequías tuvo éxito en todas sus empresas.

Escoge uno de estos versos y responde las siguientes preguntas.

. Josué 1.7-8

. 2 Timoteo 3.16-17

. Salmos 119.10

. Salmos 119.9

¿Por qué quiere Dios que yo lo obedezca y siga su Palabra?

¿Qué beneficios obtengo de seguirle?

# LECCIÓN 2

«Josafat.
Mi influencia con mis amigos»

# Josafat presenta...
# MI INFLUENCIA CON MIS AMIGOS

## Objetivo

Que los jóvenes aprendan que sus vidas son importantes para sus amigos y son personas influyentes que pueden mostrar el camino de Dios a sus semejantes.

## Textos clave

- 1 Reyes 22.1-8 (principal)

- 2 Reyes 3.1-12 (principal)

- Efesios 4.29

- Proverbios 3.5-8

## Lo que necesitarás

- Un juego de «ponerle la cola al burro».

- Copias de las hojas de trabajo «Josafat y Acab» y «Josafat y Joram»

## Para empezar

Busca dos voluntarios (de preferencia hombre y mujer) que se animen a participar en un juego con los ojos vendados. Explícales a ambos (sin que los demás escuchen) que no podrán pedirle ayuda a nadie y estarán jugando con un objetivo: «ponerle la cola al burro».

Ofréceles un buen premio y haz que todos escuchen que obtendrán una recompensa. Mientras estén vendados, recuérdales en voz alta el premio por el cual compiten.

Los jóvenes que participen no podrán pedir ayuda y tú tampoco les pedirás a los demás que colaboren con ellos. Espera que los jóvenes naturalmente quieran hacerlo.

Asegúrate de que haya música movida de fondo para que los jóvenes puedan participar, gritar y ayudar sin que se sientan cohibidos. En el caso de que los chicos no estén ayudando a sus amigos a ponerle la cola al burro, «infiltra» entre los jóvenes a líderes que empiecen a hacerlo para así animar a los demás

Una vez que le hayan puesto la cola al burro, lleva a cabo una pequeña celebración y entrégale el premio solo a la persona que lo logró. Procura que el premio sea individual y que no se pueda compartir (una bolsa de dulces bien puede ser compartida, mientras que un chocolate fino es solo para una persona). El objetivo es que el único beneficiado sea el que hizo el trabajo.

La idea aquí es que los chicos «quieran» ayudar a otros a que obtengan un beneficio que ellos mismos no conseguirán.

Al final de la actividad pregúntales:

. ¿Que premio recibieron ustedes? _ _ _ _ _ _ _ _ _ _ _ _ _ _
_ _ _ _ _ _ _ _ _ _ _ _ _ _ _ _ _ _ _ _ _ _ _ _ _ _ _ _ _ _ _ _

. Entonces, ¿por qué le ayudaron? _ _ _ _ _ _ _ _ _ _ _ _ _
_ _ _ _ _ _ _ _ _ _ _ _ _ _ _ _ _ _ _ _ _ _ _ _ _ _ _ _ _ _ _ _

. Permíteles contestar y discutir un poco el tema. _ _ _ _
_ _ _ _ _ _ _ _ _ _ _ _ _ _ _ _ _ _ _ _ _ _ _ _ _ _ _ _ _ _ _ _

Luego puedes comentar:

*Ustedes tenían una ventaja sobre ellos, que era la de poder ver exactamente cómo hacer las cosas bien. Ellos no tenían esta posibilidad. Sin embargo, a través de su ayuda pudieron encontrar la forma de hacer las cosas de la forma correcta. Por eso en este momento tienen un premio que les pertenece solo a ellos (inicia un fuerte aplauso para los que se vendaron los ojos).*

**Continúa diciendo:**

Muchas veces no nos damos cuenta, pero somos personas que pueden producir una diferencia en la vida de otros si tan solo nos animamos a abrir nuestra boca y ofrecerles dirección.

Justo de eso vamos a hablar hoy: ¿Cómo ayudamos a nuestros amigos a hacer exactamente lo correcto para que les vaya bien?

# Trasfondo general

**Explica:**

Uno de los reyes buenos que tuvo Judá fue el famoso Josafat. La Biblia dice que hizo lo que le agradaba a Dios, de modo que su vida resultó exitosa. Él fue el tataranieto del gran Salomón y en todo momento buscó la opinión de Dios. ¿Saben ustedes por qué es importante buscar la opinión de Dios? (permíteles responder, aunque la idea es que puedas cerrar diciendo: «La opinión de Dios es la mejor, y si la seguimos nos va a ir bien en la vida»).

Josafat no se vio envuelto en muchas batallas personales, pero sus vecinos y hermanos (el reino del norte) le pidieron ayuda en dos ocasiones para pelear contra sus enemigos. La respuesta de Josafat ante un conflicto «que no era de él» fue siempre la misma.

Hoy vamos a estudiar dos historias de dos reyes del norte. Ambos buscaron la ayuda de Josafat y él actuó de un modo casi idéntico en ambas situaciones.

El rey Acab fue uno de los peores de Israel y es más conocido por la esposa que tenía: Jezabel. Fue un rey que siguió y adoró a los dioses paganos, cosa que Dios aborrecía.

Por otro lado, Joram reinó después de Acab y también fue un rey malo que cometió abominaciones a los ojos de Dios. Continuó adorando a los dioses paganos e hizo pecar a muchas personas por su conducta. Por cierto, Joram era el hijo de Acab, y de tal palo tal astilla.

# Al grano: eje central

Organiza grupos pequeños de discusión. Para esta lección habrá dos hojas de trabajo. Ambas incluyen a Josafat, pero a dos reyes del norte distintos. Los grupos pueden ser heterogéneos, pero de no más de cinco o seis personas.

*Aplicaciones*

. Reúne a todos los chicos para finalizar la lección.

. Pídele a los grupos que cuenten *brevemente* la historia que les tocó. De esta manera todos sabrán que las historias son casi idénticas y Josafat no se acomoda a la situación. Más bien, sin importar cuales sean las circunstancias, su consejo siempre es: BUSQUEMOS A DIOS.

. Pídeles que den ejemplos prácticos de algunas ocasiones en que nuestros amigos están haciendo cosas que nos pueden lastimar y debemos darles nuestra opinión de cuál es el camino mejor.

. Explícales que nuestros amigos muchas veces están jugando a «ponerle la cola al burro» y, si no obtienen ayuda de nosotros, nunca ganarán el premio que quieren.

. Si deciden seguir el consejo o no, es cosa de ellos. A nosotros nos corresponde explicarles que deben pedir la opinión de Dios en todo momento.

La Biblia dice: *«Confía en el Señor de todo corazón, y no en tu propia inteligencia. Reconócelo en todos tus caminos, y él allanará tus sendas .No seas sabio en tu propia opinión; más bien, teme al Señor y huye del mal. Esto infundirá salud a tu cuerpo y fortalecerá tu ser»* (Proverbios 3.5-8).

Tanto los jóvenes como los amigos necesitan reconocer a Dios en todo lo que hacen.

## Memorización de versículos

Hay mil formas de que aprendan el verso. Puedes usar premios, competencias, recursos nemotécnicos, repeticiones, canciones, etc. Sé creativo al respecto.

*«Que sus palabras contribuyan a la necesaria edificación y sean de bendición para quienes escuchan». Efesios 4.29*

## Hoja de trabajo
## EJE CENTRAL: JOSAFAT Y ACAB

# ¡¿ Influencia yo?!... Más de la que te imaginas

Todos somos seres influyentes e influenciables. Esto significa que habrá personas en tu vida a las que imitarás y otras que te imitarán a ti. Sin embargo, la influencia puede ir más allá si tan solo te animas a mostrarles el camino correcto a las personas que están a tu lado.

Lean 1 Reyes 22.1-8.

. ¿Con quién estaba en guerra Acab, el rey de Israel? _ _ _ _ _ _ _ _
_ _ _ _ _ _ _ _ _ _ _ _ _ _ _ _ _ _ _ _ _ _ _ _ _ _ _ _ _ _ _ _

. ¿En medio del conflicto, qué es lo que hizo Acab? _ _ _ _ _ _ _ _
_ _ _ _ _ _ _ _ _ _ _ _ _ _ _ _ _ _ _ _ _ _ _ _ _ _ _ _ _ _ _ _

. ¿Cuál fue la respuesta de Josafat a la petición del rey del norte? _ _ _ _
_ _ _ _ _ _ _ _ _ _ _ _ _ _ _ _ _ _ _ _ _ _ _ _ _ _ _ _ _ _ _ _

. ¿Qué te dice eso de la personalidad y el carácter de Josafat? _ _ _ _
_ _ _ _ _ _ _ _ _ _ _ _ _ _ _ _ _ _ _ _ _ _ _ _ _ _ _ _ _ _ _ _

El verso 5 es clave. Josafat dijo que sí, sin embargo, añadió: «Pero antes que nada, consultemos al Señor».

. La primera idea de Acab ante el conflicto fue pedirle ayuda a Josafat. _ _ _ _
_ _ _ _ _ _ _ _ _ _ _ _ _ _ _ _ _ _ _ _ _ _ _ _ _ _ _ _ _ _ _ _

. La primera idea de Josafat ante el conflicto fue pedirle ayuda a Dios. _ _ _ _
_ _ _ _ _ _ _ _ _ _ _ _ _ _ _ _ _ _ _ _ _ _ _ _ _ _ _ _ _ _ _ _

. ¿Cuál es la diferencia en el enfoque de estos dos reyes? _ _ _ _ _ _ _ _
_ _ _ _ _ _ _ _ _ _ _ _ _ _ _ _ _ _ _ _ _ _ _ _ _ _ _ _ _ _ _ _

¿Es Dios la primera opción en medio de tus problemas?

Hablando de influencia, tú puedes ser un Josafat para tus amigos en problemas.

. La mayoría de tus amigos no pensará en Dios como primera opción

. Ellos necesitan que una voz sensata e inteligente les recuerde que Dios es siempre la mejor opción.

. ¿Cómo podemos ayudar a nuestros amigos en medio de sus problemas?

Efesios 4.29 (TLA) dice: «No digan malas palabras. Al contrario, digan siempre cosas buenas, que ayuden a los demás a crecer espiritualmente, pues eso es muy necesario».

Pablo habla de dos conceptos claves aquí:

. Palabras buenas: Esto se refiere a la calidad de la palabra dicha.

. Palabras necesarias: Esto alude al momento de la palabra dicha.

Dicho de otro modo, tienes que saber qué decir y cuándo hacerlo. ¿Estás listo? ¿Qué esperas para prepararte?

No tienes que ser un predicador o un escritor para que tus palabras ayuden a los demás. Tus amigos no siempre tendrán a alguien con una conciencia buena que los ayude. Por el contrario, tendrán cientos de voces que los pueden apartar del camino de Dios.

# LECCIÓN 3

## «Roboam. El consejo»

# Roboam presenta...
# EL CONSEJO

## Objetivos

*Que los jóvenes:*

. Adopten una actitud humilde al reconocer que no conocen todas las respuestas.

. Identifiquen a personas mayores y maduras en sus vidas que puedan ofrecerles consejos.

## Textos clave

. 1 Reyes 12.1-19 (principal)

. Proverbios 19.2-3

. Proverbios 19.20

. Proverbios 11.14

. Proverbios 15.22

. Proverbios 24.6

## Lo que necesitarás

. Una hoja con las frases «Yo les quiero aconsejar que...».

. Hojas de trabajo para cada grupo pequeño.

. Dos padres de adolescentes que escuchen la lección y participen en momentos esenciales.

. Un joven que pueda vestirse de rey para una breve participación.

## Para empezar

Invita a cinco personas que pasen al frente y hablen con todos. Deben comportarse con mucha seriedad y empezar diciendo: «Yo les quiero aconsejar que...».

Inventa cualquier cosa que quieras para que digan. Algunos consejos deben ser buenos, otros malos y algunos «controversiales». Por ejemplo:

. No permitan que nadie abuse de ustedes en la secundaria. Si alguien los molesta, combatan fuego contra fuego. Solo así aprenderán.

. Vivan la vida. Solo hay una. No se detengan a contemplar nada. Solo disfruten. Ya llegará el tiempo de portarse bien.

. Estudien mucho. La fiesta y esas cosas son pasajeras. El estudio es para siempre. Sé que sueno como un nerd, pero si estudian tendrán garantizado el futuro.

. Obedezcan a sus padres. Sé que algunas veces son un poco desesperantes, pero háganlo. Esto es algo bueno.

Al final, pregúntales cuáles consejos creen que son buenos y cuáles malos y por qué. No asumas una postura oficial en cuanto a cada consejo. No te metas en problemas. El ejercicio es solo para hacerlos reflexionar en que hay consejos buenos y malos.

Puedes decir: *Los consejos son como las opiniones: todos tienen una. Es por eso que parte del éxito en nuestra vida reside en buscar a las personas ideales que tengan no solo un consejo, sino uno BUENO.*

*Las decisiones que tomemos basadas en los consejos que recibamos van a definir muchas cosas en nuestra vida. La Biblia nos habla de un rey que tuvo que escoger entre dos consejos. ¿Quién era? ¿Qué escogió? ¿Cómo le fue? Eso es lo que vamos a estudiar hoy...*

# Trasfondo general

**Explica:** Roboam fue el hijo del hombre más sabio del mundo: Salomón. Tuvo a su alcance la sabiduría como ninguna otra persona pudo tenerla. No precisaba ir a la universidad o recibir conferencias. No necesitaba leer libros, ya que su papá, con el cual vivía, se encontraba cerca de él. Sin embargo, una sola decisión lo llevó a tener un reinado muy complicado.

*Existe algo llamado «dinastía», un término que significa que cuando un hombre es rey, quien le sigue cuando él muere es su hijo, después el nieto, luego el bisnieto y así sucesivamente. A esta línea de reyes se le llama DINASTÍA. Dios había prometido que desde David, Salomón y ahora Roboam, el reino le pertenecería para siempre a esa línea familiar, a esa dinastía.*

*Roboam había recibido la promesa dada por Dios de que él sería rey, pero las decisiones que tomó hicieron que ese reinado se complicara mucho.*

*Cuando su padre murió, él ascendió al trono. La primera cosa que tuvo que enfrentar fue la queja de un pueblo entero que le pedía que bajara los impuestos.*

*En este momento tu «actor rey» entra en escena y dice algo así: «El pueblo quiere que baje los impuestos, pero no sé qué hacer. Sin impuestos no puedo reparar las calles, ni ofrecer el servicio de Internet de banda ancha. Además, con los impuestos estamos construyendo el hogar de ancianos "Manos de Jesús" allá en Jerusalén. ¿Qué hago? Me da miedo que el pueblo se rebele, pero también deben entender que yo soy el rey. Mis intenciones son buenas, sin embargo, no sé qué hacer» (se vuelve al publico y les dice: «¿Ustedes que harían?». En ese momento se retiran y tú continúas la lección).*

*Entonces Roboam hace algo muy, pero muy inteligente: PIDE CONSEJO. Primero acude a unos ancianos que habían servido a su padre, y luego a sus amigos. Jóvenes de su misma edad. Roboam se ve en un problema al decidir cuál consejo seguir. Los ancianos le propones disminuir la carga y los jóvenes incrementarla. Se trataba de posiciones opuestas, y Roboam tenía que decidirse por una de ellas.*

# Al grano: eje central

Antes de repartir las hojas de trabajo y formar grupos pequeños, lee este caso real y hazles algunas preguntas.

*Irene es una joven de quince años. Es cristiana y hace unos días se fijó en un muchacho de veinticuatro. Él no es cristiano, pero como dice Irene: «Es el chico soñado». Sin embargo, tiene ciertos hábitos peligrosos. Es un tomador social, lo que significa que de vez en cuando en alguna fiesta toma algún trago. Es muy simpático, educado y «buena gente». Trabaja en una planta de mantenimiento electrónico, por lo que tiene dinero y un auto. Vive con su madre, de modo que no paga alquiler. Él se ha fijado en Irene y la ha invitado a salir a un restaurante muy fino. ¿Qué debería hacer ella?*

Dedica unos minutos a preguntarles a los jóvenes qué consejo le darían a Irene. Asegúrate de empezar con los jóvenes y no con lo líderes. Motívalos a ofrecer consejos reales. No solo los consejos que se «tienen» que dar en un grupo cristiano. En esta parte sería muy bueno si invitaras a un padre o una madre con hijos adolescentes a que participe en la actividad. De ser posible, pregúntale cuál consejo le daría a Irene, pero haz que sea la última persona en hablar.

Después de eso, explica que Irene le pidió consejo a sus amigas y todas le dijeron: «Es el príncipe soñado, sal con él y ya verás cómo resultan las cosas. No se trata de que te estuvieras comprometiendo a casarte, sino solo de una salida». No obstante, su madre, que la notó preocupada, le preguntó qué sucedía e Irene le contó. El consejo de su madre (que más que un consejo era una orden) fue: «No puedes salir con él. Es nueve años mayor que tú. Tiene mucha experiencia y tú en cambio eres apenas una niña». Irene ahora tiene que decidir lo que hará...

Divide a los chicos en grupos heterogéneos (no los separes por edad ni por sexo) de no más de seis personas y entrégales una hoja de trabajo. Cada grupo deberá escoger uno de los versículos clave para hacerle las preguntas de la hoja de trabajo.

# Aplicaciones

Reúne a todos los chicos para finalizar la lección.

**Explica:** Roboam al final decidió seguir el consejo de sus amigos jóvenes. Impuso fuertes cargas sobre el pueblo, y este no lo soportó. La nación, que una vez tuvo doce tribus o doce provincias, ahora se encontraba al borde de una guerra civil. Un líder opositor empezó una revuelta y al final del día Israel ya no era una sola nación. El pueblo se había dividido en dos: el reino del norte y el reino del sur. Roboam amaneció teniendo doce provincias bajo su gobierno y ahora solo tenía dos.

Pedir consejos es de sabios, pero si no sigues los consejos de las personas maduras, no obtendrás buenos resultados.

Irene esta a punto de embarcarse en una aventura que puede ser algo pasajero o traerle grandes cambios. ¿Quieres saber cómo terminó todo? La historia de Irene empezó a sus quince años. Hoy tiene veinticuatro. La última noticia que supimos de ella fue que habló con su mamá y le dijo dos palabras: «Tenías razón».

Ella se enredó con este joven, que no tardó mucho tiempo en pedirle que tuvieran sexo y en ofrecerle alcohol. Al cabo de un par de años él quería seguir la «fiesta», pero Irene deseaba un poco de seriedad para su vida. Cuando sus planes no coincidieron, él prefirió dejarla por otra chica que sí quisiera únicamente andar de fiesta. Ella ahora sabe que la usaron y que ha perdido siete años de su vida en una relación enfermiza con este joven.

**Pregúntales:**

- ¿Algún adulto o persona mayor les ha dicho que no está de acuerdo con alguna cosa de sus vidas? ¿Cuáles son esas cosas? _ _ _ _ _ _ _ _ _ _ _ _ _ _ _ _ _
_ _ _ _ _ _ _ _ _ _ _ _ _ _ _ _ _ _ _ _ _ _ _ _ _ _ _ _ _ _ _ _ _ _ _ _ _ _ _ _ _ _

- ¿Se han puesto a pensar en la razón de ese consejo? _ _ _ _ _ _ _ _ _ _
_ _ _ _ _ _ _ _ _ _ _ _ _ _ _ _ _ _ _ _ _ _ _ _ _ _ _ _ _ _ _ _ _ _ _ _ _ _ _ _ _

- Quiero proponerles que la próxima vez que escuchemos un consejo, no lo desechemos tan rápido. Al menos dense unos segundos para considerarlo.
_ _ _ _ _ _ _ _ _ _ _ _ _ _ _ _ _ _ _ _ _ _ _ _ _ _ _ _ _ _ _ _ _ _ _ _ _ _ _ _ _

. ¿Quiénes son sus consejeros en la vida? (padres, familiares, líderes, pastores). _____

. Seamos cuidadosos con respecto a quién le pedimos consejo, no vaya a ser que un ciego quiera guiar a otro ciego. _____

. Piensen en uno o dos de esos consejeros y vamos a orar por ellos y nosotros. _____

Ora por los chicos, a fin de que tengan una mente abierta y un corazón maduro para escuchar y seguir consejos.

Ora por sus consejeros. Bendícelos para que Dios les dé palabras sabias que ayuden a mejorar las vidas de los jóvenes.

# Memorización de versículos

¡MEMORIZA!

Hay mil formas de que aprendan el verso. Puedes usar premios, competencias, recursos nemotécnicos, repeticiones, canciones, etc. Sé creativo al respecto.

«La victoria se alcanza con muchos consejeros» Proverbios 24.6

# Hoja de trabajo
## EJE CENTRAL: DECIDIENDO POR EL CONSEJO

Seguir un consejo es una de las cosas más sencillas que hay en el mundo... excepto si la recomendación no se corresponde con lo que tú quieres hacer.

Es por eso que hay personas que le piden consejo a muchos, hasta encontrar a alguien que les diga lo que quieren escuchar, y entonces justifican sus acciones diciendo: «Tal persona me lo aconsejó».

Veamos el ejemplo de Roboam.

Lean 1 Reyes 12.1-19

- *¿Por qué Roboam pidió un segundo consejo?* _____
  _____

- *¿Qué es lo que no le gustó a Roboam del consejo de los sabios mayores?*
  _____
  _____

- *¿Cuáles fueron las consecuencias de seguir el consejo de un necio y no de un sabio?* _____
  _____

El padre de Roboam escribió una vez: «La guerra se hace con buena estrategia; la victoria se alcanza con muchos consejeros» (Proverbios 24.6).

- *¿Notan algo en especial? ¿A quién dice la Biblia que hay que pedirle consejo? A un consejero, algo que resulta bastante obvio, aunque no lo es.* _____
  _____
  _____

• ¿Qué hace que un consejero se considere como tal? _ _ _ _ _ _ _ _ _ _ _
_ _ _ _ _ _ _ _ _ _ _ _ _ _ _ _ _ _ _ _ _ _ _ _ _ _ _ _ _ _ _ _ _ _ _ _

• ¿Qué características debe poseer? _ _ _ _ _ _ _ _ _ _ _ _ _ _ _ _ _
_ _ _ _ _ _ _ _ _ _ _ _ _ _ _ _ _ _ _ _ _ _ _ _ _ _ _ _ _ _ _ _ _ _ _ _

• ¿Podemos pensar en algunas personas a las que les pedimos consejo, pero
que no son consejeros? _ _ _ _ _ _ _ _ _ _ _ _ _ _ _ _ _ _ _ _ _ _ _ _
_ _ _ _ _ _ _ _ _ _ _ _ _ _ _ _ _ _ _ _ _ _ _ _ _ _ _ _ _ _ _ _ _ _ _ _

• ¿Cómo diferencias a una persona que es consejera de otra que no lo es?
_ _ _ _ _ _ _ _ _ _ _ _ _ _ _ _ _ _ _ _ _ _ _ _ _ _ _ _ _ _ _ _ _ _ _ _
_ _ _ _ _ _ _ _ _ _ _ _ _ _ _ _ _ _ _ _ _ _ _ _ _ _ _ _ _ _ _ _ _ _ _ _

Escoge uno de estos versos y responde las siguientes preguntas.

• Proverbios 19.2-3

• Proverbios 11.14

• Proverbios 19.20

• Proverbios 15.22

• Proverbios 24.6

• ¿Por qué quiere Dios que yo lo obedezca y siga su Palabra? _ _ _ _ _ _ _ _
_ _ _ _ _ _ _ _ _ _ _ _ _ _ _ _ _ _ _ _ _ _ _ _ _ _ _ _ _ _ _ _ _ _ _ _

• ¿Qué beneficios obtengo de seguirle? _ _ _ _ _ _ _ _ _ _ _ _ _ _ _ _ _
_ _ _ _ _ _ _ _ _ _ _ _ _ _ _ _ _ _ _ _ _ _ _ _ _ _ _ _ _ _ _ _ _ _ _ _

# LECCIÓN 4

## «Acab. El capricho»

## Acab presenta...
# EL CAPRICHO

## Objetivos

*Que los jóvenes:*

Aprendan que no pueden conseguir todo lo que quieren en la vida.

- Aprendan a manejar las situaciones que no pueden controlar.

- Se contenten con lo que Dios les ha dado y aprendan a descansar en medio de su realidad.

## Textos clave

- 1 Reyes 21.1-16 (principal)

- Filipenses 4.11

- Mateo 20.1-16

## Lo que necesitarás

- Copias de «Hoja de trabajo para mujeres».

- Copias de «Hoja de trabajo para hombres».

- Un voluntario.

# Para empezar

Busca a un líder que tenga facilidad de palabra y previamente explícale lo que harán. Él se sentara en una silla frente a todos los demás y les contará que desea entablar una relación con Ana (si tienes a una chica en el grupo con ese nombre, inventa entonces otro nombre que nadie tenga).

Explícales a los chicos que Ana:

. Es una chica del colegio cinco años mayor que tu líder.

. No es cristiana.

. Proviene de una familia de padres muy, pero muy problemáticos.

. Tiene fama de ser una chica «fácil».

. Es sabido que usa drogas y le gusta mucho el alcohol.

. Ha sido llevada a la dirección muchas veces por mala conducta.

. Está a punto de perder una vez más el año lectivo.

. Tiene fama de ser muy interesada en lo que respecta al dinero de sus novios.

Luego diles a tus jóvenes que si no hacen algo por convencer al chico líder, él entablará una relación con Ana, la cual sin duda alguna solo le traerá calamidades.

El chico líder estará preparado a fin de escuchar todos los argumentos y tendrá para cada uno una respuesta, después de las cuales terminará diciendo: «Sí, pero Ana me gusta mucho».

Al final, no habrá nadie que pueda convencer a tu líder para que cambie de opinión.

Di algo así: *Lamento mucho que no podamos convencerte, pero al fin y al cabo resulta difícil cuando una persona es caprichosa y no acepta razones. ¿Por qué no despedimos a*

(nombre de tu líder de confianza) *con un ¡buuuuh!?*

Continúa diciendo: *Hoy vamos a estudiar la vida de un hombre parecido a _ _ _ _ _*

(nombre de tu líder de confianza), *el cual fue muy caprichoso y no hizo uso de la razón.*

# Trasfondo general

*Explica: Acab fue uno de los peores reyes que tuvo la nación de Israel. Este hombre volvió el corazón de todo un país a los ídolos. Eso es algo que Dios aborrece. Él se vio influenciado por la mujer más mala que la Biblia describe: Jezabel. Tal mujer no tenía temor de Dios, por lo que cada vez que aparece en la historia es para hacer algo que le trae consecuencias negativas a su esposo.*

*Acab era el rey, lo cual significaba que obtenía todo lo que él deseaba. Sin embargo, el rey NO estaba por encima de la ley. Es decir, a pesar de que podía hacer lo que quisiera, había cosas que la ley explícitamente declaraba que ni el mismo rey podía cambiar.*

*No obstante, permítanme contarles lo que sucedió cierta vez que el rey se encaprichó con algo. Por cierto, ¿saben que es el capricho? (deja que varios den algunas respuestas).*

*Acab quería un terreno para sembrar algunas cosas. Este terreno estaba junto a su casa, por lo que resultaba muy conveniente para él. Así que se fue a donde estaba el dueño del terreno y le ofreció un trato muy bueno. El rey le compraría a un excelente precio su terreno o le daría otro en un lugar diferente, pero mucho mejor. ¿Qué hubieran hecho ustedes? (permite un período de tiempo para las discusiones una vez más).*

*Lo que sucedió es que el dueño del terreno, que se llamaba Nabot, le dijo muy respetuosamente al rey que no podían hacer el trato. Este terreno era una herencia. Es decir, le había pertenecido a su padre y antes de él a su abuelo. No era un asunto de dinero, sino de valor sentimental. Así que el rey se fue muy triste a su castillo a llorar por el terreno que NO había podido conseguir.*

*Hasta aquí las cosas se presentan relativamente normales. Un hombre quiere algo y no puede obtenerlo, de manera que se entristece. No hay nada malo en la historia. Sin embargo, las mujeres... ¡ah!... las mujeres...*

Luego forma grupos homogéneos, de solo hombres o solo mujeres. Hay dos tipos de hojas de trabajo, una para ellas y otra para ellos.

## Al grano: eje central

Antes de repartir las hojas de trabajo y formar grupos pequeños, divide a todo el grupo en dos bandos, hombres y mujeres, y formula las siguientes preguntas (permite que se levante la discusión para que de esta forma todos vayan mejor preparados a los grupos pequeños).

. ¿Quién puede dar un mejor consejo? ¿Las mujeres o los hombres? ¿Por qué? - - - - - - - - - - - - - - - - - - - - - - - - - - - - -

- - - - - - - - - - - - - - - - - - - - - - - - - - - - - - - - - -

. Indica qué resulta más probable:

. ¿Que una chica influencie en un hombre? ¿Por qué?

. ¿Que un hombre influya en una chica? ¿Por qué?

Luego di: *Vamos a considerar esto hoy en la historia central* (haz que los jóvenes se separen por grupos).

## Aplicaciones

Reúne a todos los chicos para finalizar la lección.

*Puedes decir algo así:*

*La sociedad en que vivimos nos dice que podemos obtener lo que queramos. Por una parte tiene razón, pero por otra se equivoca. La vida nos está enseñando que no podemos tener todo lo que queramos. Que hay cosas que están fuera de nuestro alcance y debemos saber respetar eso.*

- Si quieres tener un novio, pero el chico ya esta comprometido, debes aprender a decir: NO SE PUEDE.

- Si quieres una zapatillas de las más modernas y costosas, pero tus padres no tienen el dinero, debes aprender a decir: NO SE PUEDE.

- Si quieres disfrutar de la sexualidad, pero nunca aspiras a casarte, debes aprender a decir: NO SE PUEDE.

Y como estos hay muchos más casos. Vives en un mundo que trata desesperadamente de decirte que puedes tener lo que quieras sin dar nada a cambio. Esto es una mentira, y las mentiras te pueden lastimar.

Hoy estudiamos que el contentamiento es algo que se aprende, no que viene con uno. Cuando aprenda a estar satisfecho con lo que tengo, seré una persona que se encaprichará menos y vivirá más feliz.

¿Estás contento con lo que tienes? No te digo que no estudies ni intentes cumplir tus sueños, pero mientras lo haces... ¡sé feliz con lo que Dios ha provisto para tu vida!

Cuando no puedas controlar o manejar las cosas como quisieras, déjalas y busca algo que sí puedas controlar. Pon a Dios primero y él te ayudará.

¿Sabes qué necesitas para no encapricharte con las cosas? PAZ. El capricho genera tristeza y desesperación. La Biblia dice que Dios puede darte paz.

Haz que algún chico lea Filipenses 4.6-7 haciendo hincapié en la parte de lo que Dios dará (usa una versión que ellos puedan entender, te recomiendo la NVI). Asegúrate de que la lectura se haga de forma correcta y que el chico o la chica la hayan practicado.

«No se inquieten por nada; más bien, en toda ocasión, con oración y ruego, presenten sus peticiones a Dios y denle gracias. Y la paz de Dios, que sobrepasa todo entendimiento, cuidará sus corazones y sus pensamientos en Cristo Jesús».

Continúa diciendo:

¿Alguno de ustedes ha sentido insatisfacción y capricho por algo en su vida? Quiero que oremos juntos en el día de hoy (puedes hacer la oración como se hace con los niños, tú hablas primero y ellos repiten).

*«Señor, te damos gracias por todas las cosas que has puesto en nuestras manos y podemos disfrutar. Perdónanos por las veces en que nos hemos quejado por lo que tenemos y hemos deseado lo que poseen los demás. Queremos progresar en nuestra vida, pero además estar felices durante todo el camino. Dejamos nuestro corazón y deseos en tus manos. Todo lo pedimos en el nombre de nuestro Señor Jesús. Amén».*

## Memorización de versículos

Hay mil formas de que aprendan el verso. Puedes usar premios, competencias, recursos nemotécnicos, repeticiones, canciones, etc. Sé creativo al respecto.

*«He aprendido a vivir en todas y cada una de las circunstancias [...] Todo lo puedo en Cristo que me fortalece».* Filipenses 4.12-13

## Hoja de trabajo
## EJE CENTRAL: PARA MUJERES

# ¡No al capricho!

Lean la historia narrada en 1 Reyes 21.1-16 y respondan algunas preguntas:

· Explica qué quiso decir Jezabel con la frase: «¿Y no eres tú quien manda en Israel?». ¿Qué idea tenía ella de las implicaciones de ser rey? - - - - - - -
- - - - - - - - - - - - - - - - - - - - - - - - - - - - - - - - - - - - - - - - - - - - - -

· El deseo de una persona puede ser potenciado por alguien más. Noten que Acab ya estaba resignado a no tener lo que quería, pero Jezabel alimenta ese sentimiento de poseer lo que no le pertenecía. Esto se evidencia en la frase: «Yo te conseguiré el viñedo del tal Nabot». ¿Influyes de manera positiva o negativa en tus amigos? - - - - - - - - - - - - - - - - - - - - - - -
- - - - - - - - - - - - - - - - - - - - - - - - - - - - - - - - - - - - - - - - - - - - - - -

· ¿Por qué creen que Jezabel estaba tan empeñada en conseguirle a Acab lo que él quería, hasta el punto de mentir y asesinar? - - - - - - - -
- - - - - - - - - - - - - - - - - - - - - - - - - - - - - - - - - - - - - - - - - - - - - - -

· ¿Cómo puede afectarte el hecho de ser caprichosa y hasta dónde estás dispuesta a llegar para conseguir algo? - - - - - - - - - - - - - - - - - - - - -
- - - - - - - - - - - - - - - - - - - - - - - - - - - - - - - - - - - - - - - - - - - - - - -

# Lean y respondan.

Filipenses 4.11 dice: «He aprendido a vivir en todas y cada una de las circunstancias».

· ¿Como se aprende a tener contentamiento? - - - - - - - - - - - - - - - - - -
- - - - - - - - - - - - - - - - - - - - - - - - - - - - - - - - - - - - - - - - - - - - - - -

. Estar contento cuando todo marcha bien resulta muy sencillo, pero estarlo en los momentos difíciles es otra cosa. ¿Qué dificulta que estés siempre contenta? _____

_____

. ¿Qué quiere Dios que obedezca en este pasaje? _____

. ¿Qué beneficios obtengo al obedecer? _____

_____

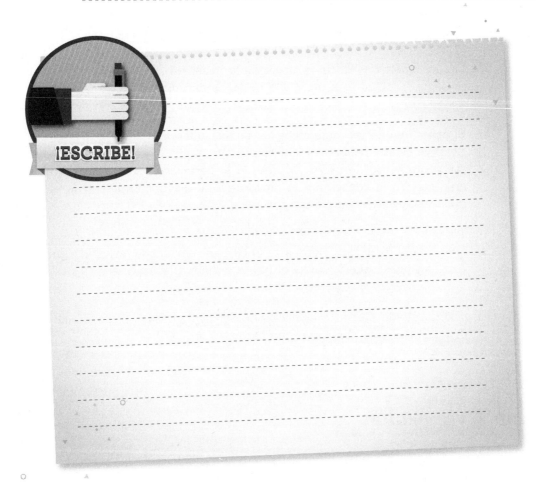

**¡ESCRIBE!**

## Hoja de trabajo
# EJE CENTRAL: PARA HOMBRES

## ¡No al capricho!

Lean la historia narrada en 1 Reyes 21.1-16 y respondan algunas preguntas:

. El pasaje dice que Acab «se acostó de cara a la pared, y no quiso comer». Esta es la escena que podría representar un niñito de cinco años que no obtuvo lo que quería. ¿Cuál es tu actitud ante las cosas que no puedes tener?

----------------------------------------

----------------------------------------

. Acab era el rey, pero su mujer usó su nombre, su posición y su sello. ¿Por qué él no hizo nada?

----------------------------------------

. Su esposa mató a un hombre por el capricho de Acab. ¿Hasta donde estarías dispuesto a lastimar a alguien por lo que quieres? (puede ser a tus amigos, hermanos o padres, o incluso llegar a sacrificar la economía de tu familia).

----------------------------------------

----------------------------------------

. Al final, Acab simplemente toma la tierra que era de Nabot gratis. ¿Dónde está su conciencia? ¿Eres capaz de obtener lo que quieres aunque alguien más haya sido lastimado?

----------------------------------------

## Lean y respondan.

*Filipenses 4.11 dice: «He aprendido a vivir en todas y cada una de las circunstancias».*

. ¿Como se aprende a tener contentamiento?

----------------------------------------

. Estar contento cuando todo marcha bien resulta muy sencillo, pero estarlo en los momentos difíciles es otra cosa. ¿Qué dificulta que estés siempre contenta? _____
_____

. ¿Qué quiere Dios que obedezca en este pasaje? _____
_____

. ¿Qué beneficios obtengo al obedecer? _____
_____

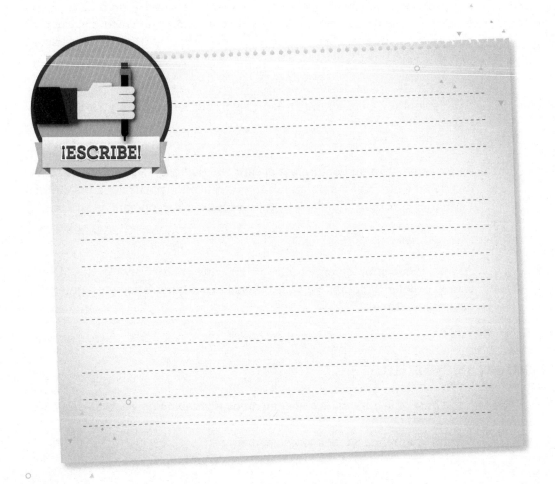

**¡ESCRIBE!**

# LECCIÓN 5

«Acaz. Ejemplos
y amistades peligrosas»

# Acab presenta...
# EJEMPLOS Y AMISTADES PELIGROSAS

## Objetivos

*Que los jóvenes:*

- Evalúen las amistades que tienen en sus vidas.

- Escojan bien a amigos que los bendigan.

- Influyan positivamente en los amigos que tienen.

- Hagan su crítica en cuanto a los ejemplos que siguen a diario.

## Textos clave

- 2 Reyes 16.1-14 (principal)

- 1 Corintios 15.33

- 2 Corintios 6

- Salmos 1

## Lo que necesitarás

- Tres voluntarios para hacer de joven, ángel y diablo (con sus respectivos disfraces). Si piensas que el pastor de la iglesia podría despedirte por traer a un «diablito», toma otras medidas y cambia la idea.

- Copias de la hoja de trabajo para cada grupo.

## Para empezar

La lectura de esta semana tiene muchas palabras «extrañas», ya que tienen que ver con rituales que celebraban los antiguos. Ten cuidado de haber estudiado bien el significado de palabras como libación, vasallo, sitiar, deportación y holocausto. Esto sin mencionar que la narrativa misma cuenta del rey que va y viene, batallas, aliados y recompensas. Debes tener una idea clara de todo lo que sucedió, de tal forma que puedas contarles con facilidad la historia a los jóvenes.

Para la introducción de esta lección necesitarás a tres jóvenes muy activos y ocurrentes (no importa sin son hombres o mujeres, pero los tres deben ser del mismo sexo).

Lo primero que debes hacer es buscar cosas que puedan usar para que se «parezcan» lo más posible entre ellos (un bigote falso, anteojos iguales, una peca en sus mejillas, una gorra similar). La idea es que a pesar de que no sean trillizos, la gente pueda relacionar que representan a la misma persona

La vestimenta que usen será así:

.   Uno de ellos llevará una sotana blanca y si es posible alas de ángel.

.   Otro vestirá una sotana negra y si es posible cachos de diablo (él podrá comer un dulce que le deje la lengua roja).

.   El tercero estará vestido normal.

Entonces se llevará a cabo una escena en la que el hombre necesita tomar decisiones, mientras tiene a su ángel y su diablito, uno a cada lado, dándole consejos.

El libreto puede ser como sigue:

.   Joven: No sé qué hacer. Me encontré esta cartera en la calle con doscientos dólares. Anoche le estaba pidiendo a Dios que me proveyera económicamente para comprar la entrada a ese concierto que tendrá lugar en la ciudad pronto. No sé que hacer...

. Diablito: ¿Cómo que no sabes qué hacer? El dinero es tuyo. Tú te lo encontraste. ¿Por qué tanto alboroto? Compra la entrada y disfruta del concierto.

. Ángel: La verdad es que resulta muy emocionante encontrarte ese dinero, pero sabes que no es tuyo...

. Diablito: Ya llegó el santurrón. ¿Qué crees que debió haber hecho? ¿Dejarlos en la calle? ¿Preguntarle a la gente si esos doscientos dólares eran suyos? Por favor, no seas ingenuo.

. Joven: Sí, lo sé, pero para mi desgracia revisé la billetera y hallé una tarjeta. Es de Francisco, un chico de mi escuela. Creo que este dinero le pertenece a él.

. Diablito: ¿Francisco? ¿El ricachón de la ciudad? Entonces el problema está resuelto. Él recibe eso de mensualidad. Sus padres son ricos. Así que no lo necesita. Además, anoche le estabas pidiendo a Dios, ¿no?

. Ángel: Tú sabes que esa no es la forma en que Dios respondería. No sabes qué planes tenía Francisco para ese dinero. Sin importar si él es rico o no, el dinero no es tuyo, sino de él.

. Diablito: Yo en tu lugar lo usaría para el concierto.

. Ángel: Yo en tu lugar lo devolvería.

. Joven: ¿Qué haré yo?

Se levanta y se va. El diablito y el ángel lo siguen.

*Explica:*

Somos seres influenciables. Esto significa que sin importar quiénes seamos, otras personas se verán afectadas por nosotros y nosotros por ellas. Es por eso que los expertos dicen que tú y yo somos el producto de las cinco personas más cercanas que tenemos. ¿Qué te parece? ¿Te has puesto a pensar en eso?

Las personas que nos rodean juegan un papel muy importante en nuestra vida. Por eso es de sabios hacerse las preguntas: ¿Qué tipo de amigos escogeré? ¿Qué tipo de relaciones tendré con ellos? Siempre habrá alguien que te *mirará y te copiará, y siempre habrá alguien a quien tú observarás y sin darte cuenta imitarás.*

*La lección de hoy nos recuerda que poner la mirada en otras personas para imitarlas solo trae complicaciones, a menos que esas personas estén caminando en el temor de Dios.*

*Eso es lo que vamos a estudiar hoy...*

# Trasfondo general

*Explica:*

*Este rey inició su carrera política a los veinte años. Su nombre es Acaz y era rey de Judá. En lo que respecta al reinado, su edad representaba una desventaja por el simple hecho de que no tenía la suficiente experiencia para reinar. Sin embargo, el principal obstáculo que Acaz enfrentaba no era su edad o experiencia, sino su falta de temor a Dios.*

*Este hombre abiertamente hacía lo que Dios de forma explícita había dicho que no hicieran. Es por eso que se incluye en la lista de los «reyes malos» que tuvo Judá.*

*En esta ocasión, existe un conflicto entre los reinos del norte en Israel y los del sur en Judá. Se trataba de hermanos de sangre que estaban peleando. En lugar de ser ejemplo de cómo deberían llevarse los hermanos, ahora buscaban la muerte el uno del otro.*

*Si tienes algunos hermanos de sangre dentro de tu grupo juvenil, puedes preguntarles:*

. *¿Cómo te llevas con tu hermano?* - - - - - - - - - - - - - - - - - - - - - - - -

. *¿Tienen diferencias?* - - - - - - - - - - - - - - - - - - - - - - - -

. *¿De qué tipo?* - - - - - - - - - - - - - - - - - - - - - - - -

. *¿Serías capaz de llevar tus diferencias hasta las últimas consecuencias? ¿Por qué?*
- - - - - - - - - - - - - - - - - - - - - - - - - - - - - - - - - - - - - - - - - -

Ten cuidado de no abrir heridas si es que hay conflictos profundos. La idea aquí es que puedas continuar diciendo...

Al igual que_____ y _____ todos tenemos diferencias. Judá e Israel también. Sin embargo, ellos lo llevaron hasta el punto de pelarse y matarse.

# Al grano: eje central

Cuenta la historia de lo que sucedió. En los grupos pequeños tendrán la oportunidad de profundizar el tema, pero dale un vistazo general.

Puedes explicarlo así:

Ya hemos dicho que Acaz fue uno de los «reyes malos». La Biblia nos comenta que no siguió el ejemplo de su antepasado, el gran rey David, sino anduvo en los mismos pasos de otros reyes que habían sido malvados. En esto consiste el meollo de la historia. Acaz actuó por imitación, como todos los seres humanos. No podemos controlar eso. Lo que sí podemos controlar es a quién vamos a imitar.

Acaz en una ocasión asesinó a su hijo como un sacrificio para dioses que no lo son en realidad y que el verdadero Dios aborrece. ¿Se imaginan lo que es asesinar a su propio hijo en adoración a dioses paganos? Acaz constantemente les ofrecía a estos dioses ofrendas para que ellos lo ayudaran.

Noten que no se trataba de que Acaz no creyera en los dioses, sí creía en ellos, pero decidió darle la espalda al Dios verdadero y volverse a otros. Menciono esto porque muchas veces pensamos que si «creemos» en Dios estamos bien. No obstante, la Biblia afirma que no resulta necesario solo creer, sino obedecer, honrar y seguir.

En cierta oportunidad dos reyes se unieron para destruir a Acaz. Uno de ellos era su hermano, el rey de Israel. La mitad del norte del pueblo de Dios, en amistad con un pueblo sin temor del Señor, ahora venía a destruir a la otra mitad del sur del pueblo de Dios, la cual también mantenía amistad con otro rey que tampoco demostraba temer a Dios. ¿Qué te parece? Un poco complicado, ¿no?

Los reyes del sur, entre ellos Acaz, poseían un mejor ejército y destruyeron a sus enemigos. Acaz tuvo que darle un montón de dinero a su «amigo» para que lo defendiera. Este dinero lo sacó del templo que estaba consagrado al Dios verdadero. Además, cuando fue a visitarlo a una ciudad llamada Damasco, vio la forma en que adoraban a los dioses y elaboró entonces un plano para repetir lo mismo en la ciudad santa de Jerusalén.

Acaz fue un hombre que se dejó influenciar por malos ejemplos y malas amistades, lo cual lo llevó a la perdición más adelante.

Forma grupos heterogéneos y dale una copia a cada facilitador. Motiva a cada muchacho a que se sienta libre para opinar y hacer las preguntas que necesiten respuesta. Al final de cada hoja hay dos versos para estudiar. Cada grupo deberá escoger uno diferente.

# Aplicaciones

Reúne a todos los chicos para finalizar la lección.

*Puedes decir:*

Vamos a terminar con la última pregunta de las hojas de trabajo en grupo: ¿Quiere Dios que yo corte las relaciones con todas mis amistades? ¿Qué desea entonces? Dales un espacio de tiempo para que opinen. Asegúrate de decirles que Dios quiere protegerlos. Por eso nos da instrucciones y consejos. Él anhela que tengamos una vida plena de su mano y sabe además que los amigos pueden influenciarnos para bien o mal.

Termina con tus tres actores originales. Ellos entran en escena y tanto el diablito como el ángel pueden dirigirse a los jóvenes.

. **Diablito:** Tengan cuidado de quién se hacen amigos y a quién le prestan sus oídos.

. **Ángel:** Las cosas que imiten y los ejemplos que sigan pueden levantar o destruir una vida.

### Concluye:

Si tienes amigos de buenas costumbres, abrázalos y no dejes que se vayan. Y si tienes amigos de malas costumbres, debes estar muy atento y tratar de influenciarlos tú para su bien.

Haz dos oraciones cortas. Una por los amigos que tenemos que hay que influenciar y otra por los amigos que son de influencia para nuestra vida. Permite que el ángel y el diablito hagan las oraciones.

# Memorización de versículos

Hay mil formas de que aprendan el verso. Puedes usar premios, competencias, recursos nemotécnicos, repeticiones, canciones, etc. Sé creativo al respecto.

«No se dejen engañar: "Las malas compañías corrompen las buenas costumbres"».     1 Corintios 15.33

# Hoja de trabajo
## EJE CENTRAL: ¡CUIDADO CON LOS QUE TE RODEAN!

Lean la historia narrada en 2 Reyes 16.1-14 y respondan algunas preguntas:

. La palabra clave en toda la historia es EJEMPLO. ¿Cómo definen lo que es un «ejemplo»? - - - - - - - - - - - - - - - - - - - - - - - - - - - - - - - - - - - - - - - - - - - - - - - - - - - - - - - - - - - - - - - - - - - - - - - - - - - - - - - - - - - -

. Acaz no tenía experiencia, por eso decidió seguir el ejemplo de los reyes malos. Para esto se alió a ellos y los convirtió en sus amigos. El verso 3 dice que siguió las tradiciones de los pueblos que Dios había castigado. ¿Hay algunas tradiciones que Dios desaprueba que tú y yo estemos siguiendo? ¿Dónde las aprendimos?

. ¿Qué tipo de valores tienen tus amigos más cercanos? ¿Son valores bíblicos? - - - - - - - - - - - - - - - - - - - - - - - - - - - - - - - - - - - - - - - - - - - - - - - - - - - - - - - - - - - - - - - - - - - - - - - - - - - - - - - - - - - - - - - - - - - - - - - - - - - - - - -

. Al final de la historia encontramos una vez más a Acaz copiando el modelo de adoración pagano para llevarlo a Jerusalén y cambiarlo por el modelo dado por Dios. ¿Qué te hace pensar eso de los valores de Acaz? ¿Qué piensas sobre los valores de tus amigos y los tuyos propios? ¿Los has comprometido?

**Lean y discutan.**

*«No se dejen engañar: "Las malas compañías corrompen las buenas costumbres"» (1 Corintios 15.33).*

*«Dichoso el hombre que no sigue el consejo de los malvados, ni se detiene en la senda de los pecadores ni cultiva la amistad de los blasfemos» (Salmos 1.1).*

*¿Cuál es el mandato aquí? ¿Qué beneficios obtengo al obedecer?* - - - - - - - - - - - - - - - - - - - - - - - - - - - - - - - - - - - - - - - - - - - - - - - - - - - - - - - - - - - - - - - - - - - - - - - - - - - - - - - - - - - - - - -

*¿Quiere Dios que yo corte las relaciones con todas mis amistades? ¿Qué desea entonces?* - - - - - - - - - - - - - - - - - - - - - - - - - - - - - - - - - - - - - - - - - - - - - - - - - - - - - - - - - - -

# LECCIÓN 6

« Amasías. Planificación
ante los retos »

# Amasías presenta...
## PLANIFICACIÓN ANTE LOS RETOS

## Objetivos

Que los jóvenes practiquen el principio de planificar antes de iniciar cualquier reto que tengan en sus vidas.

## Textos clave

- 2 Reyes 14.1-14 (principal)

- Lucas 14.28-32

- Proverbios 3.6

- Proverbios 15.22

- Proverbios 21.5

## Lo que necesitarás

- Hojas de trabajo para cada grupo pequeño.

- A la persona más alta y grande de tu iglesia, posiblemente sea un varón (invítala con anticipación).

- A la persona más pequeña de toda la iglesia, posiblemente sea una mujer (invítala con anticipación).

## Para empezar

Inventa una escena donde la mujer pequeña tenga que luchar «físicamente» contra alguien mucho más grande y pesado que ella.

Empieza la lección simulando un cuadrilátero de boxeo. Presenta a cada luchador con toda la algarabía que se vive en los campeonatos mundiales. Usa música de fondo y a los jóvenes más creativos que tengas. Será muy gracioso ver a una joven chiquita enfrentarse contra un hombre grande.

Explica la situación por la cual pelean. Hazlo ver como que es la chica la que reta al varón. Puedes inventar alguna excusa como: «Estoy cansada de que este tipo se siente frente a mi silla durante el servicio y no me deje ver nada» (o alguna otra tontería como esa).

Antes de la pelea, el varón tratará de explicarle a la joven que no ha sido su intención y no desea pelear. Que él ya no se sentará más frente a ella y no es necesario un enfrentamiento.

La chica dirá algo así: «No me importa. Haz llegado demasiado lejos. Esto es definitivo, hoy vamos a pelear».

El chico tratará de hacerla entrar en razón con diferentes argumentos:

- Soy más grande que tú.
- Vas a perder.
- Soy más fuerte.
- No peleemos.

Sin embargo, ella no aceptará excusas. Así que finalmente haz sonar la campana y que el chico acabe con la pelea cuando levante (con cuidado) a la chica y se la lleve del salón. Termina con un fuerte aplauso.

*Luego pregúntales a los jóvenes:*

*¿Qué les parece?*

*¿Qué piensan de la chica y su deseo de pelear?*

*¿Por qué es tan insensato enfrentarse al chico?*

*¿Qué esperaban que sucediera?*

. *Esto mismo ocurrió hace años, cuando un rey pequeño y débil como la chica está a punto de enfrentarse a alguien más grande y fuerte que él. ¿Quieren conocer la historia?*

# Trasfondo general

*Explica:*

*Este nuevo rey se llamaba Amasías y le tocó gobernar en la parte sur de la nación, el país llamado Judá. A pesar de que en su calificación general resultó como «bueno», hizo algunas cosas bastante «tontas» durante su administración. Inició su reinado a los veinticinco años con mucha fuerza.*

*Empezó haciendo justicia con aquellas personas que habían matado a su padre Joás. Más adelante derrotó a un numeroso ejército de diez mil soldados del reino de Edom, ubicado al sureste de Judá (a algunos jóvenes les resulta más sencillo entender lo que sucede si se los muestras, de modo que un mapa puede funcionar bien). Después de la batalla contra Edom, Amasías se sintió poderoso, capaz de conquistar al mundo.*

*Las relaciones entre Judá (su país) e Israel (su vecino del norte y hermano) no eran las mejores. En un arranque emocional, Amasías reta al rey del norte a un duelo. Sus palabras, dirigidas a Joás, rey del norte, fueron: «¡Sal para que nos enfrentemos!». Haz una pausa y pregunta: ¿Qué hubieran hecho ustedes si un muchachito viene y los reta a un duelo?*

*La reacción del rey del norte fue la de un adulto que trata de minimizar los efectos de un enfrentamiento. Vamos a analizar hoy a Amasías (el atacante) y a Joás (el defensor).*

## Al grano: eje central

Forma grupos pequeños de discusión. Los grupos deben ser homogéneos según la edad y el sexo, pero no de más de cinco o seis personas. La idea es que puedan hablar de planes concretos en sus vidas, así que las mujeres se sentirán mejor conversando entre ellas y los hombres igual. Al final deberá haber cuatro tipos de grupos.

.   Varones jóvenes.

.   Varones mayores.

.   Damas jóvenes.

.   Damas mayores.

Cada grupo deberá escoger uno de los versículos al final de la hoja de trabajo para explicarlo en público y estudiarlo. Asegúrate de que todos los versos del libro de Proverbios sean escogidos.

Al final del trabajo en grupos pequeños puedes decir:

*Amasías se dejó llevar por la emoción y no escuchó el consejo del mismo enemigo que le decía: «No te quiero destruir, no te metas conmigo». Este rey nos recuerda que en la vida las cosas funcionan no solo a base de disposición, sino requieren gente inteligente que se siente a ver si es posible lograr las metas que se han propuesto.*

*Muchos de nosotros nos hemos sentido derrotados en la vida por no haber planificado. Muchos simplemente hemos ido a la deriva, improvisando en nuestra vida.*

## Aplicaciones

La Biblia no es un libro abstracto que cueste mucho aplicar a nuestra vida. Aun en nuestra juventud tendremos que hacernos algunas preguntas.

. ¿Es el momento para tener una relación sentimental con alguien? ¿Estoy preparado? ¿He medido lo que significa el noviazgo y hacia dónde voy más adelante? ¿Para que quiero novia o novio? ¿Qué tendría que dejar si me involucro en una relación? ¿Qué peligros enfrentaré? ¿Con qué me toparé en el futuro? ------------------------

. ¿Estoy ya listo para irme de la casa de mis padres? ¿Ya hice todos los arreglos financieros y elaboré un presupuesto real que me ayude a salir adelante? ¿Por qué me quiero ir? ¿Qué deseo lograr? ¿Cómo será la vida sin ellos? ¿He contemplado todos los detalles como la comida, el aseo, el orden, la lavandería y la seguridad? ------------------------

. ¿Puedo administrar solo mi dinero? ¿Soy un buen administrador? ¿He demostrado que el dinero en mis manos tiene un fin bueno? ¿O solo lo he despilfarrado? ¿Necesitaré a alguien que me ayude como «contador» de lo que recibo? ------------------------

. ¿Puedo dirigir un grupo de estudio en la iglesia? ¿Conozco el precio que debo pagar para hacer esto? ¿Estoy dispuesto a ser blanco de las críticas? ¿Puedo prepararme una semana tras otra estudiando la Biblia? ¿Seré capaz de mantener mi participación en mi grupo con el tiempo o abandonaré después de dos meses? ------------------------

Siéntete en la libertad de añadir todas las aplicaciones que puedas y asegúrate de hacer todas las preguntas que obliguen al joven a pensar. Pueden ser de carácter espiritual, sexual, financiero, amistoso, sentimental, laboral o cualquier otro.

## Memorización de versículos

¡MEMORIZA!

Hay mil formas de que aprendan el verso. Puedes usar premios, competencias, recursos nemotécnicos, repeticiones, canciones, etc. Sé creativo al respecto.

*«Reconócelo [a Dios] en todos tus caminos, y él allanará tus sendas».Proverbios 3.6*

# Hoja de trabajo
## EJE CENTRAL: MIS PLANES, MIS RETOS

Existe un refrán que dice que nadie planea fracasar, pero hay muchos que fracasan por no planear. Nuestra vida está llena de retos que necesitan una planificación.

Lean 2 Reyes 14.1-14.

· ¿Cuál fue la recomendación del rey del norte para el rey del sur? _ _ _ _ _ _ _ _ _ _
_ _ _ _ _ _ _ _ _ _ _ _ _ _ _ _ _ _ _ _ _ _ _ _ _ _ _ _ _ _ _ _ _ _ _ _ _ _ _ _ _ _ _ _ _

· ¿Por qué crees que Amasías no siguió el consejo? _ _ _ _ _ _ _ _ _ _ _ _ _ _ _ _ _ _
_ _ _ _ _ _ _ _ _ _ _ _ _ _ _ _ _ _ _ _ _ _ _ _ _ _ _ _ _ _ _ _ _ _ _ _ _ _ _ _ _ _ _ _ _

· ¿Qué lo motivó a ir a una guerra en la que tenía grandes posibilidades de perder? _ _ _ _ _ _ _ _ _ _ _ _ _ _ _ _ _ _ _ _ _ _ _ _ _ _ _ _ _ _ _ _ _ _ _ _ _ _ _
_ _ _ _ _ _ _ _ _ _ _ _ _ _ _ _ _ _ _ _ _ _ _ _ _ _ _ _ _ _ _ _ _ _ _ _ _ _ _ _ _ _ _ _ _

· ¿Es posible aplicar esto a nuestras vidas? ¿Cómo? _ _ _ _ _ _ _ _ _ _ _ _ _ _ _ _ _
_ _ _ _ _ _ _ _ _ _ _ _ _ _ _ _ _ _ _ _ _ _ _ _ _ _ _ _ _ _ _ _ _ _ _ _ _ _ _ _ _ _ _ _ _

· ¿Qué proyectos en tu vida necesitan una planificación para que no terminen en derrota? _ _ _ _ _ _ _ _ _ _ _ _ _ _ _ _ _ _ _ _ _ _ _ _ _ _ _ _ _ _ _ _ _ _ _ _ _ _ _
_ _ _ _ _ _ _ _ _ _ _ _ _ _ _ _ _ _ _ _ _ _ _ _ _ _ _ _ _ _ _ _ _ _ _ _ _ _ _ _ _ _ _ _ _

· ¿Cómo puedes planificar esos proyectos? _ _ _ _ _ _ _ _ _ _ _ _ _ _ _ _ _ _ _ _ _ _
_ _ _ _ _ _ _ _ _ _ _ _ _ _ _ _ _ _ _ _ _ _ _ _ _ _ _ _ _ _ _ _ _ _ _ _ _ _ _ _ _ _ _ _ _

· ¿Cuál fue el precio que Amasías tuvo que pagar por no planificar? _ _ _ _ _ _ _
_ _ _ _ _ _ _ _ _ _ _ _ _ _ _ _ _ _ _ _ _ _ _ _ _ _ _ _ _ _ _ _ _ _ _ _ _ _ _ _ _ _ _ _ _

Lean Lucas 14.28-32. Jesús habló en estos pasajes de calcular y medir.

. ¿Qué es lo que se debe medir y calcular? _ _ _ _ _ _ _ _ _ _ _ _ _ _ _ _ _ _ _ _
_ _ _ _ _ _ _ _ _ _ _ _ _ _ _ _ _ _ _ _ _ _ _ _ _ _ _ _ _ _ _ _ _ _ _ _ _ _ _

. ¿Crees que es cierta la frase: «Puedes hacerlo todo», o habrá momentos en los
cuales tendremos que decir: «Aún no es tiempo, todavía me falta»? _ _ _ _ _ _ _
_ _ _ _ _ _ _ _ _ _ _ _ _ _ _ _ _ _ _ _ _ _ _ _ _ _ _ _ _ _ _ _ _ _ _ _ _ _ _

## Versículos bíblicos

. *«Reconócelo [a Dios] en todos tus caminos, y él allanará tus sendas»*
*(Proverbios 3.6).*

. *«Cuando falta el consejo, fracasan los planes; cuando abunda el consejo,*
*prosperan» (Proverbios 15.22).*

. *«Los planes bien pensados: ¡pura ganancia! Los planes apresurados: ¡puro*
*fracaso!» (Proverbios 21.5).*

¿Cuál es el consejo de Dios para que tus proyectos y planes no resulten un fracaso?
_ _ _ _ _ _ _ _ _ _ _ _ _ _ _ _ _ _ _ _ _ _ _ _ _ _ _ _ _ _ _ _ _ _ _ _ _ _ _ _ _ _ _
_ _ _ _ _ _ _ _ _ _ _ _ _ _ _ _ _ _ _ _ _ _ _ _ _ _ _ _ _ _ _ _ _ _ _ _ _ _ _ _ _ _ _
_ _ _ _ _ _ _ _ _ _ _ _ _ _ _ _ _ _ _ _ _ _ _ _ _ _ _ _ _ _ _ _ _ _ _ _ _ _ _ _ _ _ _

# LECCIÓN 7

## «Saúl. Enfrentamiento con la envidia»

## Amasías presenta...
# ENFRENTAMIENTO CON LA ENVIDIA

## Objetivos

- Demostrarle a tus jóvenes que las cosas que usualmente envidiamos pueden traernos verdaderos problemas.

- Proponerles a los jóvenes que examinen sus vidas y aceptan su realidad.

- Convencer a los chicos de vivir vidas agradecidas por las cosas que tienen.

## Textos clave

- 1 Samuel 18.1-11 (principal)

- Job 5.2

- Proverbios 14.30

- Proverbios 23.17

- 1 Juan 2.15

- Filipenses 4.11-13

## Lo que necesitarás

- Hojas del caso de estudio para cada grupo pequeño.

- Hojas de trabajo EJE CENTRAL.

- Premios para la mejor paráfrasis.

## Para empezar

Después que hayas saludado y roto el hielo con tus jóvenes, distribúyelos en grupos heterogéneos y entrégale al líder de cada grupo una hoja del caso de estudio. Los grupos deberán ser formados con rapidez, ya que la dinámica es corta.

Una vez que estén todos reunidos, hazles preguntas para que se animen a hablar. Puedes emplear algunas así:

. ¿Que les pareció la historia?

. ¿Alguien se vio identificado?

. ¿Cuál creen que es la principal dificultad de Jorge? ¿Creen que es un problema extraño?

Luego profundiza un poco más y anímalos a responder con honestidad esta pregunta: ¿Has sentido envidia por algo? ¿Por qué? (En esta sección la idea no es hacer bromas acerca de cuánto deseo el Ipad de una amiga o el celular de un amigo. La idea es que sean sinceros y se animen a compartir.)

Puedes iniciar con una confesión personal honesta.

## Trasfondo general

*Explícales la vida de Saúl. Comenta algo así:*

*Saúl era el rey de Israel. Lo tenía todo. Era la persona más importante de todo el reino. Sin embargo, se mostraba muy inseguro. Necesitaba el reconocimiento de otras personas para sentirse valorado.*

*En cierta ocasión se vio frente a un gigantesco problema. Y digo gigantesco porque en verdad se trataba de un gigante. Todos conocemos la historia del filisteo más famoso: GOLIAT. Este hombre media casi tres metros y era un guerrero profesional y muy temido (véase 1 Samuel 17).*

Con razón Saúl tenía miedo. Enfrentarse a Goliat equivalía a firmar una sentencia de muerte. Ustedes ya conocen la historia de cómo David se enfrentó al gigante y Saúl solo le prestó su armadura. Al final, Dios le dio un gran triunfo al pequeño jovencito, lo que significó el principio del fin en la carrera de Saúl. Seguro ya están al tanto de los pormenores de la batalla, lo que tal vez no conozcan es lo que sucedió después de ella. El pueblo se sentía emocionado. Acababan de vencer a un poderoso enemigo y la atención completa estaba enfocada en David.

## Al grano: eje central

Reparte las hojas de trabajo del EJE CENTRAL y forma grupos homogéneos. Estos deberán ser solo de hombres o mujeres. Cada grupo deberá tener un facilitador que dirija la discusión. Hay hojas exclusivas para hombres y mujeres.

Una vez terminado el tiempo de reunión, permite que cada grupo lea su paráfrasis del tema y escojan por medio de aplausos la mejor versión. Entrégales un premio. Luego dirígete a ellos y diles:

Ya conocemos lo que sucedió y nos podemos imaginar cómo se sienten ambos personajes. Sin embargo, quiero que lleguemos al fondo del asunto y respondamos esta pregunta: «¿Por qué Saúl siente envidia de David?» (deja que expongan todas las ideas que quieran).

*Luego continúa:* David hoy tiene algo que Saúl desea, y es el reconocimiento de la gente. No obstante, David no intentó quitárselo, simplemente se lo ganó. Esto le genera una envidia profunda a Saúl, al punto de que en cierto momento de la historia trata de asesinar a David (véase 1 Samuel 19). Más adelante nos encontramos a Saúl persiguiendo con ansiedad a David, ya que quiere ponerle fin a su vida. A este nivel de envidia llegó.

Sin embargo, pensemos. ¿Por qué tenía tanta envidia? La palabra que quiero que consideremos hoy es REALIDAD.

Las personas no siempre viven una realidad sana. Vivimos en un mundo que nos motiva constantemente a vivir una realidad que no es la nuestra. Y por lo tanto, no se trata de la realidad.

. Le dicen a un chico de quince años que debe tener el celular de moda, aunque valga el salario de su papá de todo un mes, así que él hará lo imposible por tenerlo.

. Motivan a una chica a tener el cuerpo de una supermodelo, pero su constitución, la de su madre y la de toda su familia no se corresponde con esa clase de cuerpo.

. Principalmente nos motivan a mantener una competitividad feroz todo el tiempo. Por todas partes nos gritan que no debemos dejarnos ganar y precisamos tener lo que todos tienen, pues nos lo merecemos.

Saúl nunca aceptó su realidad. Para él no era posible que hubiera alguien más valiente o famoso que el rey. Y cuando se vio ante la tentación, los celos y la envidia, llenó su corazón de tinieblas y se apartó de Dios.

¿Sientes envidia por algo? ¡Ten cuidado de que tu corazón se entenebrezca por no tener lo que quieres! ¡Ten cuidado de caer en tentaciones para lograr lo que no es tu realidad!

El apóstol Pablo nos dice una verdad profunda e incómoda. «He aprendido a estar satisfecho en cualquier situación en que me encuentre. Sé lo que es vivir en la pobreza, y lo que es vivir en la abundancia. He aprendido a vivir en todas y cada una de las circunstancias, tanto a quedar saciado como a pasar hambre, a tener de sobra como a sufrir escasez. Todo lo puedo en Cristo que me fortalece» (Filipenses 4.11-13).

Déjame darte mi versión de este pasaje: «Sé lo que es tener mucho dinero y no tener nada. He podido comprar todo lo que he querido y algunas veces no he tenido para lo más básico. He poseído el último electrónico de moda, y no he tenido nada. No es sencillo, pero me he entrenado, he aprendido a estar feliz siendo rico o pobre, siendo lindo o feo. Eso no es fácil en absoluto, pero Dios me ha dado la fuerza para poder lograrlo».

¿Estás contento con tu vida? ¿Estás contento con la situación que tienes? ¿Estás contento con tu presupuesto familiar? ¿Estás contento con el rostro que Dios te dio?

La envidia siempre es producto del descontento. Debes aprender a ser agradecido por lo que tienes y a no desear lo que no puedes tener. Acepta tu realidad, y si puedes cambiarla para bien, esfuérzate y sé valiente, pero no dejes que lo que no tienes amargue tu vida y oscurezca tu corazón.

*Termina diciendo:*

*¿Recuerdan a Jonatán el hijo de Saúl? Este era el heredero al trono, sin embargo, aceptó la voluntad de Dios y a diferencia de su padre mantuvo una buena actitud y aceptó que su realidad había cambiado, dándole todo su apoyo a su amigo David.*

# Aplicaciones

. Agradécele a Dios por las bendiciones que Dios le ha dado a tus amigos. Aunque no sientas deseos de hacerlo, oblígate a decir: «Gracias, Señor, por el celular de Andrés» (haz que los chicos piensen en lo que ahora envidian y agradezcan por lo que sus amigos tienen).

. Oblígate a decir como algo repetitivo en tu vida: *«Aun no puedo tener ese _____(menciona lo que quieras). Me esforzaré si es posible para obtenerlo, pero no me amargaré si al final no lo logro. Me es suficiente con saber que Dios camina conmigo».*

. ¿Qué tienes? ¿Salud? ¿Un techo? ¿Comida en tu mesa? No pierdas de vista las tremendas bendiciones que sí tienes por los detalles que no tienes. ¡Tu realidad es la de una persona que Dios ha bendecido!

# Memorización de versículos

Hay mil formas de que aprendan el verso. Puedes usar premios, competencias, recursos nemotécnicos, repeticiones, canciones, etc. Sé creativo al respecto.

*«He aprendido a estar satisfecho en cualquier situación en que me encuentre [...] Todo lo puedo en Cristo que me fortalece». Filipenses 4.11-13*

## Hoja del caso de estudio
# LA ENVIDIA

¿Cómo defines la envidia? El diccionario la define como una tristeza por lo bueno que a alguien le sucede. Además, es un deseo de algo que no se tiene.

# Estudio de caso

Jorge es un joven de muy escasos recursos. A sus diecisiete años aún no conoce lo que es tener un teléfono celular propio. Se lo ha pedido a su mamá muchas veces, pero la respuesta siempre es la misma: «No tengo dinero». Jorge visita con frecuencia el centro comercial y entra en las tiendas de artículos electrónicos donde se encuentran los maravillosos teléfonos inteligentes que él tanto añora. Su deseo ha crecido de forma desmedida y ya su carácter ha cambiado por la imposibilidad de tener su propio teléfono.

Ayer por la tarde Andrés, un joven de su iglesia, invitó a sus amigos a su casa porque era su cumpleaños. Allí recibió de sus padres un regalo fabuloso: un celular justo como el que Jorge quería. Andrés lo abrió frente a Jorge y le hizo una pregunta: «¿Qué te parece? ¿Está lindo no?».

- ¿Qué le dirías a Andrés si fueras Jorge?

- ¿Cómo crees que se sintió Jorge?

- ¿Por qué no puede alegrarse por su amigo?

- ¿Cuál crees que es el problema profundo de Jorge?

# Hoja de trabajo
## EJE CENTRAL: PARA HOMBRES

- Lean 1 Samuel 18.6-7 y vuelvan a escribir el canto de las mujeres usando sus propias palabras (no tiene que tratarse de una paráfrasis, pero sí relacionarse con el mismo tema). El trabajo más original ganará un premio. Y si quieren ponerle música, las posibilidades de ganar aumentarán.

  El texto dice así: «Ahora bien, cuando el ejército regresó, después de haber matado David al filisteo, de todos los pueblos de Israel salían mujeres a recibir al rey Saúl. Al son de liras y panderetas, cantaban y bailaban, y exclamaban con gran regocijo: "Saúl destruyó a un ejército, ¡pero David aniquiló a diez!"».

  ¡Formulen su propia versión! _____

  _____

- Como hombres, piensen en cómo se sentirá David. Todo un pueblo está coreando su nombre. ¿Qué pudo haber sentido? Hay cientos de chicas aclamándolo. Se convirtió por primera vez en el hombre deseado por muchas mujeres de Israel que ahora lo ven como el superhéroe israelita. ¿Qué pasará por su mente?

  _____

  _____

- Ahora pensemos en Saúl. Acaba de ganar una importante batalla. Sin embargo, el pueblo no se fija en él. Las chicas tienen sus ojos puestos en alguien más. Los hombres respetan y las mujeres admiran a David. ¿Cómo manejó Saúl esto? ¿Cómo creen que lidió con la felicidad por la batalla ganada sumada a la envidia por el reconocimiento a alguien más?

  _____

  _____

- ¿Cuál creen que era el verdadero problema de Saúl? _____

  _____

# Hoja de trabajo
## EJE CENTRAL: PARA MUJERES

. Lean 1 Samuel 18.6-7 y vuelvan a escribir el canto de las damas usando sus propias palabras (no tiene que tratarse de una paráfrasis, pero sí relacionarse con el mismo tema). El trabajo más original ganará un premio. Y si quieren ponerle música, las posibilidades de ganar aumentarán.

El texto dice así: «Ahora bien, cuando el ejército regresó, después de haber matado David al filisteo, de todos los pueblos de Israel salían mujeres a recibir al rey Saúl. Al son de liras y panderetas, cantaban y bailaban, y exclamaban con gran regocijo: "Saúl destruyó a un ejército, ¡pero David aniquiló a diez!"».

¡Formulen su propia versión! _____

_____

. Como mujeres, piensen en cómo se sentirá David. Es un chico guapo, valiente, que goza del favor de Dios y ahora es famoso. ¿Cómo mira una dama a un hombre así? Él es el nuevo superhéroe israelita. ¿Qué pasaría por la mente de las jovencitas hebreas? _____

_____

. Ahora pensemos en Saúl. Acaba de ganar una importante batalla. Sin embargo, el pueblo no se fija en él. Las chicas tienen sus ojos puestos en alguien más. Los hombres respetan y las mujeres admiran a David. ¿Cómo manejó Saúl esto? ¿Cómo creen que lidió con la felicidad por la batalla ganada sumada a la envidia por el reconocimiento a alguien más?

_____

_____

. ¿Cuál creen que era el verdadero problema de Saúl? _____

_____

# LECCIÓN 8

«David. El perdón
para mi enemigo»

## David presenta...
# EL PERDÓN PARA MI ENEMIGO

## Objetivos

- Que tus jóvenes entiendan que el perdón no es algo que se gana, sino que se ofrece. Que es un regalo de la gracia.

- Que identifiquen quiénes son las personas que necesitan el perdón en sus vidas y las perdonen.

- Que entiendan que perdonar es una carga que libera a quien ofrece el perdón.

## Textos clave

- 1 Samuel 24 (principal)
- Colosenses 3.13
- Salmos 37.8
- Proverbios 14.17
- Mateo 18.22
- Efesios 4.32
- Mateo 6.9-14
- Lucas 6.33-34

## Lo que necesitarás

- Premios pequeños para algunas personas. Deberán estar envueltos.

- Opcional: Vídeo de la película Pay it Forward [Cadena de favores], protagonizada por los actores Haley Joel Osment, Kevin Spacey y Hellen Hunt. Particularmente de la escena donde el niño explica en su escuela y frente a la pizarra lo que significa «pagarle al otro». Si vas a usarla, asegúrate de que esté en español o subtitulada.

# Para empezar

Empieza la clase preguntando: «¿A quién le gusta recibir regalos?» (es de suponerse que todos o la gran mayoría responderán a tu pregunta afirmativamente).

Explícales que has traído regalos en este día y que quieres dárselos a personas muy especiales.

Asegúrate de tener pequeños obsequios envueltos en papel de regalo. No importa si son pequeños chocolates o dulces. Asegúrate de que pasen por el proceso de desenvolverlos. El criterio para decidir a quién darle un regalo te lo dejamos a ti (cumpleaños, logros, visitas, etc.). Sé creativo.

*Luego pregúntales a todos:*

. *¿Qué es lo que nos gusta de recibir regalos?*

. *¿Por qué sin importar el tipo de regalo nos emocionamos al abrirlo?*

*La idea en esta sección es que lleguen a considerar palabras claves como: emoción, bienestar, felicidad, agrado y otros términos semejantes.*

*Puedes decirles algo así:*

*Los regalos nos emocionan. Y una vez que hemos recibido el regalo honesto de alguien, asumimos una actitud diferente hacia esa persona. Hemos recibido un regalo inmerecido y ahora tenemos una «deuda» (asegúrate de ser enfático en esto). Y digo «deuda» porque el mejor regalo que podemos recibir se llama perdón de pecados, aunque Dios no nos está pidiendo que le paguemos por eso. No obstante, tenemos una deuda moral con él.*

*Lo que Dios nos pide es que reaccionemos a ese regalo que nos gustó tanto con otro regalo, pero no para él, sino para los demás. La Biblia afirma que de la misma manera que hemos recibido un regalo de parte de Dios, se lo ofrezcamos a otras personas (Mateo 10.8).*

*Aquí puedes usar el vídeo y luego decirles:*

*Esto es exactamente lo que Dios desea que hagamos. Que agradezcamos su gracia y su regalo ofreciéndoles lo mismo a otras personas. ¿Cuál es el mejor regalo que hemos recibido? El perdón de pecados. Y así quiere Dios que actuemos. Perdonando a los demás. Hoy vamos a hablar del mejor regalo que le puedes dar a alguien: el perdón.*

# Trasfondo general

*Explícales la historia de David. Puedes comentar algo así:*

David había sido elegido por Dios como el siguiente rey de Israel. Saúl, el actual rey, lo quería muerto para así estar libre de preocupaciones. Durante muchos años lo persiguió. ¿Te imaginas lo que es ser escogido por Dios públicamente y luego huir durante años de un hombre? Esto tuvo que generarle a David dudas, cansancio y un profundo odio hacia el rey que lo perseguía, pero no fue así.

David había aprendido el arte de esconderse, ya que nunca estuvo dispuesto a pelear en contra del rey (aunque hubiera podido hacerlo, pues era un gran guerrero).

Cierto día, mientras el rey Saúl lo perseguía, sin darse cuenta entró a la misma cueva donde David estaba escondido. ¡El rey se hallaba solo e indefenso! Era la gran oportunidad de David para matar a su enemigo y hacerse de su ejército, su trono y su corona. Era el momento de decidir.

La escena resulta muy simple. Saúl entra a la cueva a hacer sus necesidades. Mientras está ocupado en eso, sin que lo vea David corta un pedazo del manto del rey. Cuando Saúl sale de la cueva, David lo alcanza, le muestra el pedazo del manto y básicamente le dice: «Señor, pude haberte matado, pero te perdoné, no hice nada malo. No tengo rencor en contra tuya».

¿Qué les parece? ¿Qué hubieran hecho ustedes? (No permitas que respondan a esa pregunta, ya que lo harán en los grupos pequeños.)

## Al grano: eje central

**¡AL GRANO!**

Reparte las hojas de trabajo y forma grupos heterogéneos. Los grupos no deberán ser de más de tres o cuatro personas. Asegúrate de tener a líderes que hayan estudiado la historia y estén listos para dirigir la discusión.

Puedes darles unos veinte minutos para que discutan. Una vez terminado el tiempo en grupos, reúnelos para las conclusiones finales. Entonces dirígete a ellos y diles:

*El tema del perdón no es para niños. Requiere una fortaleza que solo los valientes tienen. ¿Son ustedes valientes? Dios les ha dado la fuerza, pero no va a hacer la tarea por ninguno, eso nos corresponde a cada uno de nosotros.*

*Y resulta difícil porque el perdón NO ES JUSTO. Alguien te lastimó y perdonarlo significa darle un regalo, lo cual no es algo razonable. Si no entiendes que no eres un juez, nunca llegarás a perdonar.*

*Pregunta:*

· *¿Crees que es justo que Jesús en la cruz les diera un regalo a aquellos que lo habían humillado, golpeado y ahora asesinado?* _ _ _ _ _ _ _ _ _ _ _
_ _ _ _ _ _ _ _ _ _ _ _ _ _ _ _ _ _ _ _ _ _ _ _ _ _ _ _ _ _ _ _ _ _ _

· *¿Crees que es justo que Esteban mirara al cielo y pidiera perdón para las personas que lo estaban apedreando hasta morir?* _ _ _ _ _ _ _ _ _
_ _ _ _ _ _ _ _ _ _ _ _ _ _ _ _ _ _ _ _ _ _ _ _ _ _ _ _ _ _ _ _ _ _ _

· *¿Crees que es justo que tú vayas al cielo aunque hayas cometido cientos de pecados?* _ _ _ _ _ _ _ _ _ _ _ _ _ _ _ _ _ _ _ _ _ _ _ _ _ _ _ _ _ _
_ _ _ _ _ _ _ _ _ _ _ _ _ _ _ _ _ _ _ _ _ _ _ _ _ _ _ _ _ _ _ _ _ _ _

*Perdonar no es justo. Por eso representa un regalo. Y Dios te lo ha dado y te pide que hagas lo mismo con los demás. ¿Qué nos aconseja el salmista con respecto el enojo? (Lee el versículo en voz alta.) «Refrena tu enojo, abandona la ira; no te irrites, pues esto conduce al mal» (Salmos 37.8). Te dice que estar enojado te traerá problemas. Por eso te aconseja tranquilizarte y liberarte.*

¿Qué puede suceder si nos enojamos con facilidad? Proverbios 14.17 declara: «El iracundo comete locuras, pero el prudente sabe aguantar». ¿Lo ves? El enojo te lleva a hacer cosas que nunca harías o consideras «locas». Sin embargo, el perdón te libera y te da paz.

Termina diciendo:

No perdonar es como tomarse un veneno y esperar que alguien más sea el que muera.

No busques la justicia. Déjale todo a Dios. Tú regala gracia, como Dios mismo te lo pidió.

## Aplicaciones

Agradécele a Dios por el perdón que tenemos en Jesús y la esperanza de vida eterna a través del arrepentimiento.

Pídeles a los chicos que piensen en alguien con quien tengan un problema y que hagan dos cosas con esa persona: (1) que oren pidiendo bendición para su vida (esto será un ejercicio complicado, así que espera cierta resistencia) y (2) que digan en sus mentes: «Yo perdono a _____ en obediencia a lo que Dios quiere que haga».

Aclárales dos cosas: (1) no tienen que esperar a sentir deseos para perdona a alguien, pues el perdón es una decisión que se toma y (2) es posible que la oración de perdonar deban hacerla más de una vez y todos los días, lo cual está bien, ya que esto forma parte del proceso del perdón.

## Memorización de versículos

Hay mil formas de que aprendan el verso. Puedes usar premios, competencias, recursos nemotécnicos, repeticiones, canciones, etc. Sé creativo al respecto.

«Refrena tu enojo, abandona la ira; no te irrites, pues esto conduce al mal». Salmos 37.8

# Hoja de trabajo
## EJE CENTRAL

. Basados en la historia que recién escuchamos, ¿qué habrían hecho ustedes si fueran David? ¿Por qué hubieran actuado así? Permitan que todos compartan sus opiniones.

. Aclárales: «Todos sabemos que perdonar es parte de lo que Dios quiere que hagamos. Aun así, no siempre actuamos de acuerdo a lo que él nos manda. Dios nos dijo que perdonáramos, sin embargo, ¿por qué lo hizo? ¿Por qué ese mandamiento aparece en la Biblia? «De modo que se toleren unos a otros y se perdonen si alguno tiene queja contra otro. Así como el Señor los perdonó, perdonen también ustedes» (Colosenses 3.13).

Respondan las siguientes preguntas. (Dales tiempo antes de dar tu respuesta.)

**Mateo 18.22:** ¿Por qué el juego con los números? Pedro le dice siete, Jesús le responde setenta veces siete. ¿Qué significan estas cifras? (La cultura hebrea consideraba que un hombre misericordioso perdonaría a su prójimo tres veces por un pecado. Pedro quiere aparentar ser muy misericordioso al extender ese favor no a tres, sino a siete veces. La respuesta de Jesús lo deja completamente sin habla. Jesús no se refería a llevar un conteo hasta llegar a setenta veces siete. Él se refería a perdonar y seguir perdonando, a vivir perdonando una y otra y otra vez.)

**Efesios 4.32:** ¿Por qué tengo que perdonar? ¿Qué te perdonó Dios?

**Mateo 6.9-14:** ¿Qué dice Jesús que el Padre no hará si no perdonamos?

**Lucas 6.33-34:** ¿Es fácil perdonar? ¿Qué quiere decir este pasaje?

# LECCIÓN 9

«Salomón. La mejor
petición... ¡ser sabio!»

# Salomón presenta...
# LA MEJOR PETICIÓN... ¡SER SABIO!

## Objetivos:

- Que los jóvenes aprendan que lo mejor que le podemos pedir a Dios es sabiduría.

- Que conozcan los beneficios de ser personas sabias.

- Que le pidan a Dios cosas mucho más profundas.

## Versículos clave

- 2 Crónicas 1.7-13 (principal)

- 1 Reyes 10

- Salmos 111.10

- Proverbios 1.7

- Proverbios 3.13

- Proverbios 4.7

- Proverbios 8.11

- Proverbios 24.3

- Santiago 1.5-6

## Lo que necesitarás

- Papelitos y lápices para cada asistente.

- Premios para la petición más original.

- Fotografía impresa o proyectada del pastor principal.

- Hojas de «Mis peticiones» para cada asistente.

- Hojas de trabajo del Eje Central para los grupos pequeños.

## Para empezar

Muéstrales a los chicos una foto del pastor principal de tu iglesia o la denominación (bien puede ser impresa o proyectada) y entrégale un papelito a cada asistente a la reunión. En ese papelito deberán escribir algo que quisieran pedirle al pastor. Todo se vale. Diles que tienen solo una oportunidad para hacer la petición, así que deberán aprovecharla. Luego, haz que peguen los papelitos en la foto. Puedes leer las peticiones y premiar la más original. ¿Qué tal si organizas una cena con el pastor como premio?

## Trasfondo general

Explícales lo que está sucediendo en ese momento en la historia de Israel y con Salomón. Puedes decir algo así:

*A pocos días antes de la muerte de David, después de haber gobernado por cuarenta años, tuvo lugar una especie de usurpación de la corona. Uno de los hijos mayores de David, Adonías, se autoproclamó rey, pues consideraba que David ya casi no podía hacer nada por ser ya muy viejo (véase 1 Reyes 1). Al darse cuenta de esto, David mandó a ungir a Salomón, lo hizo cabalgar en la mula real, y pidió que lo llevaran por toda la ciudad para que la gente se enterara de que Salomón era el verdadero rey designado. ¿Qué extraño no?*

*Después de este acto el pueblo recibió al joven Salomón y lo reconoció como su nuevo rey. Él era apenas un joven, el último de los hijos del gran rey David. Algunos han dicho que rondaba los veinte años cuando fue proclamado como el líder principal de Israel. Casi ningún país elige un presidente de veinte años, sin embargo, en las dinastías se da tal clase de decisiones debido al tipo de gobierno que son. Es por esto que Salomón llegó a ser rey a tan temprana edad y con ello enfrentó muchos desafíos.*

*A Salomón le esperaban dos desafíos principales siendo bien joven:*

- *Ser el sucesor de uno de los más grandes reyes a través de toda la historia de Israel, como lo fue su padre, David.*
- *La construcción del templo de Dios.*

Con esa edad y esos desafíos inmensos, Salomón se encontró en una encrucijada. ¿Cómo lograrlo? Entonces se dio cuenta de que no le resultaría posible siendo como era. Que desde una perspectiva humana sería algo irrealizable. Así que fue a adorar al Señor, hizo un sacrificio y tuvo una conversación con Dios en un sueño. Entonces este joven pidió lo que quizá muy pocos pedirían al encontrarse en este tipo de situación.

## Al grano: eje central

Lee el pasaje de 1 Reyes 3.1-15 y luego divide al grupo en subgrupos más pequeños y entrégales las hojas de trabajo del Eje Central. Dependiendo de la cantidad total de chicos, trata de que no sobrepasen a los cinco integrantes por equipo.

Una vez terminado el tiempo en los grupos, puedes retomar las preguntas y organizar una discusión con todo el colectivo. Cuando hayas concluido la conversación puedes mencionar algunos beneficios que tuvo el rey a partir de haber pedido sabiduría:

. Escribió libros que hasta hoy usamos como principios de vida.

. Es designado por el mismo Dios como el hombre más sabio de todos los tiempos, ni antes hubo ni después habrá nadie más sabio que él.

. Fue un hombre que disfrutó de todas las riquezas y el esplendor que podríamos pensar.

. Puedes invitar a los chicos a reflexionar formulándoles las siguientes preguntas:

. ¿Cuáles son tus peticiones más profundas?

. ¿Qué es lo que le pides a Dios constantemente?

. ¿Con qué sueñas muy a menudo?

. ¿Qué es lo que te desvela en cuanto a tu futuro?

. ¿Cómo te gustaría que fuera el resto de tu vida?

. ¿Qué necesitas para lograr eso que es tu sueño?

# Aplicaciones

*Puedes mencionar algo así:*

. Este tema es aplicable a nuestra vida HOY. Santiago 1.5-6 nos dice que si necesitamos sabiduría, se la pidamos a Dios. Estoy seguro de que para vivir nuestra vida necesitamos la sabiduría divina a fin de tomar las mejores decisiones, las cuales impactarán no solo nuestro futuro, sino a muchas personas más.

. Ora por todo el grupo para que Dios le conceda sabiduría en sus vidas según lo necesite cada uno.

. Entrégales una copia de la hoja «Mis peticiones» e indícales que la llenen, pero desde otra perspectiva: no pidiendo «eso» que siempre piden (un iPad, terminar los estudios, un viaje de vacaciones en crucero, etc.), sino haciendo una solicitud de sabiduría en medio de esa petición. Puedes dar un ejemplo: «Terminar mis estudios este año» versus «Sabiduría para saber cómo puedo ayudar a otros por medio de mi carrera una vez que termine».

. Dales a los chicos un par de minutos y cuando terminen de escribir, pídeles que formen parejas para orar los unos por los otros, y mejor aún si desean compartir sus peticiones. Concédeles unos minutos para esta actividad.

. Al final de la oración, pídeles que hagan un compromiso para que durante la siguiente semana puedan preguntarse (según las parejas que se formaron) cómo Dios ha estado respondiendo sus oraciones.

# Memorización de versículos

**¡MEMORIZA!**

La repetición es una forma de aprender algo nuevo. Así que con la hoja de «Mis peticiones», donde está el versículo para aprender, vas a hacer que todos repitan el texto en voz alta y luego haciéndole variaciones:

. Solo las mujeres, luego solo varones.

. Los de una lado del salón, luego los del otro lado.

. Los de las primeras bancas o sillas, luego los que siguen.

. Los de camisa roja/azul/blanca y luego los del resto de colores.

. Inventa tus propias variaciones.

*«Si a alguno de ustedes le falta sabiduría, pídasela a Dios, y él se la dará, pues Dios da a todos generosamente sin menospreciar a nadie». Santiago 1.5*

# Hoja de trabajo
## EJE CENTRAL

Después de haber leído 1 Reyes 3.1-15, respondan las siguientes preguntas:

**1.** ¿Por qué Dios se le presenta a Salomón y lo bendice si él está adorando en santuarios paganos según el versículo 2? _ _ _ _ _ _ _ _ _ _ _ _ _ _ _ _ _ _ _ _ _ _ _ _

_ _ _ _ _ _ _ _ _ _ _ _ _ _ _ _ _ _ _ _ _ _ _ _ _ _ _ _ _ _ _ _ _ _

**2.** ¿Que es lo que Salomón solicitó? ¿Qué otras palabras podemos usar para lo que Salomón pidió? _ _ _ _ _ _ _ _ _ _ _ _ _ _ _ _ _ _ _ _ _ _ _

_ _ _ _ _ _ _ _ _ _ _ _ _ _ _ _ _ _ _ _ _ _ _ _ _ _ _ _ _ _ _ _ _ _

**3.** Los israelitas tenían prohibido la unión con personas de otros pueblos, sin embargo, Salomón se casó con una egipcia (y según parece no fue por amor, sino por una alianza política). ¿Cómo es que Dios no le llamó la atención por esta situación y lo bendijo concediéndole lo que le pidió? _ _ _ _ _ _ _ _ _ _ _ _ _ _ _ _

_ _ _ _ _ _ _ _ _ _ _ _ _ _ _ _ _ _ _ _ _ _ _ _ _ _ _ _ _ _ _ _ _ _

**4.** ¿Qué influencia pudo haber tenido el rey David sobre la petición de Salomón?

_ _ _ _ _ _ _ _ _ _ _ _ _ _ _ _ _ _ _ _ _ _ _ _ _ _ _ _ _ _ _ _ _ _

_ _ _ _ _ _ _ _ _ _ _ _ _ _ _ _ _ _ _ _ _ _ _ _ _ _ _ _ _ _ _ _ _ _

**5.** ¿Cómo se puede recibir sabiduría en nuestra época actual? _ _ _ _ _ _ _ _ _ _ _

_ _ _ _ _ _ _ _ _ _ _ _ _ _ _ _ _ _ _ _ _ _ _ _ _ _ _ _ _ _ _ _ _ _

**6.** Busquen los siguientes pasajes y relaciónenlos con la Pregunta 5.

- Salmos 111.10

- Proverbios 1.7

- Proverbios 3.13

- Proverbios 4.7
- Proverbios 8.11
- Proverbios 24.3
- Santiago 1.5-6

## Mis peticiones

1. _____

2. _____

3. _____

## Verso a memorizar

*«Si a alguno de ustedes le falta sabiduría, pídasela a Dios, y él se la dará, pues Dios da a todos generosamente sin menospreciar a nadie». Santiago 1.5*

# LECCIÓN 10

«Saúl. Mi reacción ante las injusticias»

## Saúl presenta...
# MI REACCIÓN ANTE LAS INJUSTICIAS

## Objetivos

. Retar a los jóvenes a tomar parte en las injusticias de su sociedad.

. Darles aplicaciones de cómo pueden ayudar a las personas más necesitadas en nombre de Jesús.

. Incluir la obra social como testimonio de ser seguidores de Jesús.

## Textos clave

. 1 Samuel 11.1-11 (principal)

. Mateo 25.31-46

. Deuteronomio 32.4

. Deuteronomio 10.18

. Santiago 1.27

. Mateo 22.39

. Mateo 5.16

## Lo que necesitarás

. Bolsas de basura negras (para que bloquees la luz de tu salón).

. Pliegos de papel periódico.

. Notas adhesivas.

. Lapicero o marcador para cada persona.

# Para empezar

Intenta iluminar el salón a media luz, lo suficiente como para caminar sin golpearse, pero de un modo lo bastante incómodo como para que alguien pregunte qué sucede. Actúa como si realmente no existiera ningún problema.

Saluda a todos de una forma muy amena e inicia la reunión. Lo primero que debes hacer es poner a alguien a leer la Biblia. (En realidad debes asegurarte de que la lectura resulte incómoda debido a la poca cantidad de luz que hay.)

Pregúntales su opinión sobre el versículo y luego averigua si hay algo en el salón que podrían mejorar para facilitar el correcto desarrollo de la reunión de hoy. (Investiga otras ideas aparte de «encender la luz» para buscar áreas en las que se pueda mejorar.)

Una vez que enciendan la luz, pregúntales cómo se sintieron sin ella. Luego di:

¡Es el momento de empezar nuestra historia! La iglesia es el reflejo de la luz de Jesús, y esa luz no puede dejar de brillar.

# Trasfondo general

*Explícales sobre la vida de Saúl. Puedes decir algo así:*

*¿Te imaginas lo que es vivir sin uno de tus ojos? Y no debido a que lo hayas perdido por accidente, sino a que un pueblo quisiera abusar de su fuerza contra otro. Solo habían dos opciones: o morían a manos de ellos o se entregaban y se sacaban un ojo.*

*La voz del miedo se había esparcido por los diferentes lugares de Israel, hasta que llegó a oídos de un hombre que no estaba dispuesto a escucharla sin hacer nada. No se trataba de cualquier hombre... ¡era Saúl!*

*El Espíritu Santo se apoderó de él y junto al pueblo salieron a luchar en contra de aquellos que pretendían sacar provecho de su fuerza. Al final el Dios de los débiles salió en rescate de los suyos y le dio a Israel una gran victoria.*

# Al grano: eje central

Divide a los jóvenes en grupos con un máximo de diez personas. Entrégale a cada uno cuatro pliegos de papel periódico, al menos un marcador o lapicero por persona, y suficientes notas adhesivas para que cada chico tenga dónde escribir sus ideas. Luego empieza con la primera guía de trabajo.

Una vez terminada la primera parte, reúnelos y haz que los equipos compartan su trabajo. Puedes hacer que unos lean el primer grupo de ideas y otros el segundo. Aún no aborden el tercer grupo de ideas. Una vez hecho esto es hora de empezar la lección diciendo algo como lo que sigue:

*El pueblo de Israel se hallaba realmente en un problema, pues se veía amenazado por un ejército que pensaba simplemente en lo que ellos querían hacer, de modo que estaba expuesto a la voluntad de estas personas.*

*Gracias al Espíritu Santo (véase 1 Samuel 11.6) la historia no acabó así, sino que el pueblo se armó de valor y actuó a fin de evitar la injusticia.*

*Esto no está muy lejos de la realidad que vivimos hoy, la diferencia es que el principal problema que confrontamos en la actualidad es la indiferencia con la que vivimos. Probablemente en los tiempos de Israel era normal que un pueblo invadiera a otro, de la misma manera es normal para muchos de nosotros ver a chicos en las aceras pidiendo monedas y personas viviendo en la calle.*

*Cuando entramos al salón no había suficiente luz, no porque no la tuviéramos, sino simplemente porque habíamos decidido no usarla. Esto resultó incómodo para muchos debido a que la luz no estaba cumpliendo la función para la que fue designada. De la misma manera, entre nuestros propósitos se encuentra velar por el bien de nuestro entorno.*

*Pídele a alguien que lea Mateo 25.31-46. Una vez que se haya leído el pasaje, pregúntale al grupo: ¿Qué hizo la gente que recibió la invitación de Jesús según nos cuenta el pasaje?*

*Permite que los jóvenes hablen sobre el tema.*

*Santiago 1.27 nos recuerda que la religión pura y sin mancha tiene dos enfoques, el primero nos habla de lo que debemos hacer a favor de los necesitados de nuestra sociedad, el segundo nos indica lo que debemos hacer para mantener nuestra santidad. Creo que es momento de que llevemos a cabo una lluvia de ideas.*

Luego de que los jóvenes expongan sus opiniones, que inicien la segunda guía de trabajo.

Una vez que estén de vuelta es el momento de que los equipos lean sus compromisos con la sociedad.

Busca las actividades entre los grupos pequeños que son similares y motívalos a que elaboren un cronograma de tareas para el bien social. ¡Esto es parte de lo que el Señor quiere ver en su iglesia!

La iglesia debe ser proactiva, tenemos un rol en la sociedad que solo nosotros podemos cumplir, y es evidenciar el amor de Dios para todos. No solo se trata de buscar el bien social, sino de hacer lo que Jesús nos mandó a hacer.

Mateo 5.16 nos dice: «Hagan brillar su luz delante de todos, para que ellos puedan ver las buenas obras de ustedes y alaben al Padre que está en el cielo». La luz debe brillar para mostrar las obras. Estas obras están entrelazadas en nuestra interacción con la sociedad, la forma en la que luchamos contra la injusticia y el modo en que vivimos la Palabra de Dios.

Es el momento de hacer algunas propuestas que nos permitan evidenciar que nuestro Dios es justo y su pueblo lucha en contra de la injusticia.

Termina creando en ellos un compromiso:

Hoy estamos estableciendo un compromiso y dejándolo registrado en estos papeles a fin de mostrar lo que el Espíritu Santo puede hacer a través de un grupo de jóvenes dispuestos a luchar contra la injusticia.

No cierres la sesión sin proponer una fecha para ejecutar alguna de las acciones propuestas.

# Aplicaciones

Pídele al Espíritu Santo que le dé a cada uno de tus jóvenes valentía para luchar en contra de las injusticias que presenta la sociedad moderna.

Incomódate, esta no es una lección luego de la cual debemos salir con una sonrisa. Este tema nos debe inquietar, hacer pensar y querer modificar nuestra idea de brillar.

¿Cómo está tu entorno? Las bendiciones que Dios te ofrece cada día no son para que las disfrutes solo. Si Dios te bendice es a fin de que tú también seas de bendición para muchos, dentro y fuera de los templos.

# Memorización de versículos

Hay mil formas de que aprendan el verso. Puedes usar premios, competencias, recursos nemotécnicos, repeticiones, canciones, etc. Sé creativo al respecto.

«La religión pura y sin mancha delante de Dios nuestro Padre es ésta: atender a los huérfanos y a las viudas en sus aflicciones, y conservarse limpio de la corrupción del mundo». Santiago 1.27

# Hoja de trabajo
## EJE CENTRAL: PRIMERA PARTE

Lean 1 Samuel 11.1-11 y enumeren lo que significaría para todo un pueblo vivir sin un ojo. ¿Qué habría sucedido si Saúl no hubiera derrotado a Najás? Asegúrate de que se aborden diferentes ámbitos como el trabajo, la sociedad, el deporte, el arte, etc. Haz que cada persona escriba cada idea en sus notas adhesivas, una idea por papel. Luego peguen en el pliego de periódico grande todas las pequeñas notas con las ideas.

Haz que escriban en las notas adhesivas todas las oportunidades que los israelitas tuvieron debido a la intervención de Saúl. Esto equivale a responder a la pregunta: ¿Ahora que tenemos nuestros dos ojos, qué podemos hacer con nuestra vida?

Es momento de hacer la pregunta clave, le puedes decir al grupo lo siguiente: ¿Qué injusticias de mi comunidad requieren de un líder como Saúl que decida salir en defensa de los desamparados? Permite que enumeren diferentes problemas sociales. Si percibes que el grupo se desvía hacia una perspectiva global, enfócalos a pensar en su comunidad. Este paso te llevará a crear un conjunto más de notas con las ideas. Pégalas también en la hoja de papel grande.

# Hoja de trabajo
## EJE CENTRAL: SEGUNDA PARTE

Lleven a cabo una lluvia de ideas e inicien otra sesión. Esta vez la pregunta es: ¿De qué manera podemos como iglesia ayudar a que estas injusticias sociales no se den más o por lo menos disminuyan en nuestras comunidades? (Reúne las ideas en un conjunto de notas adicionales y pégalas en el pliego de periódico grande.)

Haz que cada miembro del grupo firme el pliego del papel periódico donde colocaron los resultados de la lluvia de ideas como un compromiso de que, al igual que Saúl, dejará que el Espíritu Santo lo use para brillar en su sociedad.

Toma los pliegos de papel periódico de las lluvias de ideas y pégalos en la pared del salón. Permite que los vean cada semana y no te olvides de preguntarles cómo les va con sus compromisos de trabajo.

# LECCIÓN 11

«Salomón.
Apartándose de Dios»

## Somón presenta...
# APARTÁNDOSE DE DIOS

## Objetivos

- Que los jóvenes reflexionen en cuanto a su comunión diaria con Dios.

- Ver la importancia de estar cerca de Dios y no alejarnos de él.

- Aprender a amar a Dios más que a nadie ni a nada.

- Detectar las cosas a las que les dedicamos más tiempo, descuidando las de Dios.

## Textos clave

- 1 Reyes 11.1-13 (principal)

- 1 Tesalonicenses 5.17

- Jeremías 29.13

## Lo que necesitarás

- Tarjetas para todos los participantes.

- Lápices o lapiceros para cada uno.

- Imagen para proyectar en una pantalla con preguntas específicas.

## Para empezar

En esta lección deberás orar. Ese el tema de la sección. ¿Y cuál es la mejor forma para que tus jóvenes oren? ¡Haciéndolo! Por esta razón deberás dedicar un tiempo a la oración. Recuerda que muchos de tus jóvenes no han hablado con Dios en toda la semana. Así que este será un buen momento para que lo hagan.

Repárteles las tarjetas a los chicos mientras van ingresando al salón. Una vez que estés listo para empezar, invítalos a sacar las hojas y buscar a alguien a quien no conozcan mucho.

Forma grupos de dos personas. Si el número de jóvenes es impar, haz un solo grupo de tres y organiza al resto en parejas. La idea aquí es que las personas puedan compartir de una manera más íntima. No permitas grupos de más de tres personas.

Si tienes cómo proyectar en una pantalla, muestra tres o cuatro preguntas que deban hacerse entre sí las parejas y los obliguen a romper el hielo. Algunas de ellas pueden ser estas:

. Nombre completo

. Talla de zapatos

. Postre favorito

. Las mejores vacaciones que hayan tenido

. Película favorita

. Lugares donde soñarían ir

. Tipo de sangre

Inventa las preguntas que quieras, pero NO deben ser muy profundas ni muchas. Tres o cuatro estarán bien. Deberán además anotar las respuestas en una cara de las tarjetas que repartas.

Después de esta corta dinámica, diles que le den vuelta a la tarjeta y ahora escriban tres cosas de la otra persona que nadie más sepa (y que se animen a compartir).

Estas cosas pueden ser de orden gracioso, serio, emocional, etc. He aquí algunos ejemplos:

- Peores temores
- Decepciones en la vida
- Vergüenzas que hayan pasado
- Anhelos personales
- Las mejores lecciones de vida que hayan recibido
- Personas que admiran en sus vidas
- Qué piensan de Dios

Recuérdales que son cosas que puedan compartir. Esta dinámica deberá durar unos veinte minutos. No la termines demasiado rápido, porque de lo contrario no lograrás que ambas personas establezcan algún tipo de conexión a un nivel más profundo.

Reúnelos de nuevo en el salón y pide voluntarios que puedan comunicar lo que han aprendido de la otra persona. Inicia con la presentación de cada uno, seguida de las preguntas superficiales y finalmente de los detalles desconocidos de un carácter más íntimo.

*La dinámica puede ser así:*

*Esta es Mariela. Tiene diecisiete años y asiste al grupo de jóvenes hace seis meses.*

*Le encantan los helados y su sangre es del tipo A+.*

*Le gustaría ir a Europa y su película favorita es El Señor de los Anillos.*

*Es una chica muy extrovertida, sin embargo, le asusta la oscuridad.*

*Hace algunos años sufrió mucho por la separación de sus padres.*

*Admira a su mamá, que ha tenido que sacarla adelante.*

*Cree que Dios es real y que los puede ayudar en su vida.*

Haz esto unas tres veces y luego permíteles contestar las siguientes preguntas. Deja que digan lo que quieran.

- ¿Cómo se sintieron compartiendo estas cosas con alguien más? (incómodos, liberados, comprendidos, etc.).

. ¿Qué consideran que le ha sucedido a la relación con esta otra persona? (ha mejorado, se ha profundizado, hay más confianza, etc.).

. ¿Por qué sucede esto? ¿Por qué después que pasamos tiempo con alguien esa relación cambia?

Invítalos a llevarse su tarjeta y pedirle a Dios por esta persona durante la semana.

Luego diles:

*Las relaciones son algo increíble. Pueden volverse más fuertes y sólidas o pueden romperse. Todo depende de cuánto estemos dispuestos a invertir en ellas. De igual forma sucede con Dios. Él siempre se encuentra dispuesto y deseoso de estar con nosotros. Es más, para eso nos creó, a fin de que nos relacionáramos con él. Sin embargo, no fuerza a nadie a hacerlo. Dios quiere que el hecho de que lo busquemos y lo conozcamos se deba a nuestra voluntad. Esto es lo que sucedió hace miles de años con un rey muy importante. Dios le dio la opción y este rey escogió muchas veces el camino de conocerlo, pero en otras ocasiones decidió apartarse de él.*

# Trasfondo general

Sitúa en el contexto a tu audiencia. Explica un poco lo que le ocurría a Salomón. Sería bueno que otra persona fuera quien explicara esta parte para que tus jóvenes no se cansen de tanto escucharte. Si eres una líder, busca a un líder que te ayude a contar la historia. Si eres un líder, busca a una líder que haga lo mismo. El cambio será refrescante para ellos.

*Hoy estamos estudiando a la persona más sabia que existió sobre la tierra. Este fue un hombre que cuando tuvo que pedirle a Dios algo, le pidió ser muy inteligente y muy sabio.*

*Sin embargo, el tiempo pasó y en sus últimos años de vida hizo cosas muy extrañas y ya no quedaba en él la fuerza que tenía cuando era joven y se mostraba apasionado por Dios. Salomón, una vez reconocido como el más inteligente de todos los hombres, se dio cuenta de que en el mismo momento en que se apartó de Dios toda su sabiduría se fue por el drenaje.*

Hoy vamos a estudiar lo que sucedió al final de la vida de Salomón.

La costumbre decía que para hacer alianza con un rey debían unirse en matrimonio con la hija de dicho monarca. Dios había destinado que un hombre tuviera una esposa y nada más, pero Salomón se olvidó de lo que el Señor dijo y tomó el camino que todos seguían e hizo lo que todo el mundo hacía.

De esta forma, leemos que se casó con la hija del faraón, que era el rey de Egipto, a fin de hacer una alianza con este país. Y esto no solo sucedió en lo que respecta a Egipto, sino que se unió con mujeres de muchos países... ¡al punto de que tuvo en su vida setecientas esposas y trescientas concubinas!

¿Se imaginan? ¿Cómo se puede llevar una relación sana y profunda con tantas mujeres? ¡Simplemente no es posible! Dios le había advertido de esto. Salomón se apartó del Señor, dejó de hablarle y entonces rompió dos reglas que Dios les había dado. En primer lugar, se unió a más mujeres de la cuenta, lo cual lo convirtió en un mal administrador de la relación de pareja, y además se alió a personas que no tenían temor de Dios y por lo tanto lo desviaron de su relación con él. ¿Has tenido a alguien que te desvíe de tu relación con el Señor? Eso es lo que la Biblia denomina como un «yugo desigual».

Estas mujeres apartaron a Salomón de hablar con Dios, luego lo guiaron a adorar imágenes de madera y piedra, dioses a los cuales el verdadero Dios detestaba.

Salomón inició su carrera de una manera majestuosa, como ningún otro en la vida, pero en este pasaje vemos que está a punto de terminarla en medio del fango y la pobreza espiritual. Y todo porque en un momento de su vida decidió apararse de Dios y dejar de hablar con él.

# Al grano: Eje Central

Reparte las hojas de trabajo del EJE CENTRAL y forma grupos heterogéneos. Los grupos deberán ser de cuatro o cinco personas. Asegúrate de tener a líderes que hayan estudiado la historia y estén listos para dirigir la discusión.

*Cuando hayan terminado, reúnelos en grupo y pregúntales:*

. *¿Por qué es importante orar?*

. *¿Creen ustedes que estar relacionados con Dios es algo bueno?*

. *¿Cuál es la mejor manera de orarle a Dios?*

*Luego di: Vamos a hacer algo hoy que no siempre hacemos. Vamos a hablar con Dios, pues no queremos que nos pase lo que le sucedió a Salomón.*

*¿Como se ora? Muy simple. Quiero recordarles que hay al menos cinco tipos de oraciones.*

. *Intercesión: Orar por alguien más.*

. *Perdón: Arrepentirnos y buscar el perdón por nuestros pecados.*

. *Alabanza: Reconocer las cosas buenas que Dios hace y cuán grande es.*

. *Gracias: Agradecer por todo lo que hemos recibido.*

. *Petición personal: Es la más común y consiste en solicitar cualquier cosa que queramos.*

*Hoy vamos a usar los cinco tipos de oraciones.*

Forma grupos de cuatro personas. Entrégale una tarjeta más a cada grupo con un lapicero. Dales opciones de oraciones (campamento de fin de año, salud de doña Ana, agradecimiento por la vida y otros temas). Pídeles que escriban todo por lo que van a orar antes de hacerlo. En las tarjetas estarán todas las peticiones. Después motívalos a orar. Crea un ambiente adecuado (silencio general y tal vez una música instrumental suave de fondo).

Permíteles que oren según su estilo. Dales unos diez minutos y termina diciendo:

Algunas veces no tendremos deseos de orar, pero la oración nos hace bien. La mejor forma de hacerlo es tomando un papel y apuntando todo lo que quieran decirle a Dios. Luego aparten un momento para hablar con él y díganselo. Dios siempre estará dispuesto a escucharlos. No necesitan tiempos extensos ni palabras elegantes para que Dios los atienda. Simplemente háganlo.

Recuerden, la oración no es para cumplir con Dios, sino para conectarnos con él.

## Memorización de versículos

Hay mil formas de que aprendan el verso. Puedes usar premios, competencias, recursos nemotécnicos, repeticiones, canciones, etc. Sé creativo al respecto.

*«Oren sin cesar». Tesalonicenses 5.17*

# Hoja de trabajo
## EJE CENTRAL: 1 REYES 11.1-13

1. ¿Qué es la oración? (Posiblemente te dirán cosas como: «Hablar con Dios».) Explícales que orar no es solo hablar, sino relacionarnos continuamente con el Señor. Estar con él todo el tiempo, conocerlo. La oración es el instrumento para establecer una relación con Dios. Por lo tanto, no debe ser una molestia en nuestra vida.

   ----------------------------------------------

   ----------------------------------------------

2. Según el verso 1, ¿cuál es el primer paso cuando te alejas de Dios? -----------

   ----------------------------------------------

3. El verso 6 nos habla de una palabra importante: OBEDIENCIA. ¿Cómo se relaciona la desobediencia con la separación de Dios? ¿Por qué quiere Dios que lo obedezcamos? ----------------------

   ----------------------------------------------

4. El verso 11 nos dice que Dios no se queda impasible frente al pecado. Una vez que me separo voluntariamente de Dios y ya no hablo más con él, mi vida se llena de consecuencias negativas. ¿Has experimentado algunas vez alguna consecuencia adversa debido a la desobediencia? (Anímalos a compartir.) -----------------

   ----------------------------------------------

5. ¿Qué hará Dios con las personas que lo buscan arrepentidas en oración? Lean Jeremías 29.13 y respondan esta pregunta. --------------------

   ----------------------------------------------

6. Recuerden, la oración no es para cumplir con Dios, sino para conectarnos con él.

   ----------------------------------------------

   ----------------------------------------------

# LECCIÓN 12

## «David. La confesión de pecados»

# David presenta...
# LA CONFESIÓN DE PECADOS

## Objetivos

Que los jóvenes:

- Conozcan la actitud de Dios ante un corazón que está arrepentido.

- Adopten la confesión de pecados como una disciplina espiritual.

## Textos clave

- 2 Samuel 11,12

- Salmos 32

- Salmos 51

- Santiago 5.16

- 1 Juan 1.9

## Lo que necesitarás

- Una silla o cualquier superficie donde un adolescente se pueda parar.

- Un palo de escoba o tubo que tenga ambas extremidades disponibles para agarrarlas.

- Una pizarra con marcadores donde escribir.

- Algo que produzca mal olor.

## Para empezar

Ubica una silla en alguna parte del salón y haz que una persona se pare sobre ella. Entrégale un palo que pueda agarrar por uno de sus extremos.

Pídele a otro adolescente que agarre el otro extremo del palo y permanezca de pie sobre el suelo del salón. Dibuja una línea en el piso con tiza o cinta adhesiva para que la persona que se halla sobre este no pueda pasar de allí.

Al indicar la señal de tu preferencia, aquel que está en la silla intentará halar más allá de la línea a la persona en el piso y la persona en el piso intentará que el que está parado en la silla pase la línea dibujada.

Haz esto la mayor cantidad de veces que puedas con todos los adolescentes que se encuentren allí. Procura que sea divertido. Incluye una música de fondo entretenida que pueda servir para ambientar la reunión.

Por lo general, la persona ubicada en el piso resultará más efectiva en su intento debido al efecto de la gravedad que posee y la falta de balance que experimenta la persona que se encuentra sobre la silla.

*Puedes decir:*

*¿Alguna vez has visto cómo se forma una avalancha de nieve? Al principio se trata de una bola de nieve pequeñita, pero mientras va rodando sigue creciendo y se convierte en una gran amenaza para aquellos que pueda alcanzar más adelante. Muchas veces luchamos con muchos secretos que nadie conoce. Los ocultamos y no queremos que nadie lo sepa. Esto tiende a ocurrir cuando se trata de acciones que hemos llevado a cabo que resultan pecaminosas y nos producen vergüenza y dolor. En muchas ocasiones solemos vivir en silencio y guardar esa pesada carga en nuestro interior, cuando lo apropiado es que busquemos ser liberados de tal atadura.*

*Una de las disciplinas espirituales más importantes que debemos poner en práctica es la confesión de nuestras faltas. El pecado que no se confiesa tiende a llenar de culpa el* corazón del adolescente. Hace que se sienta solo y agobiado, porque el dolor lo domina. Para esto, es importante que el ministerio juvenil posea personas con un buen testimonio y de confianza con los cuales los jóvenes se sientan aceptados y acompañados. Para los jóvenes las relaciones son trascendentales y por eso resulta fundamental afirmarlos. Debemos encontrar personas confiables que los puedan ayudar y sirvan de confidentes en momentos cruciales.

# Trasfondo general

**Explica:**

David fue el rey de Israel más influyente a lo largo de la historia de ese pueblo. Cuando se hablaba de un modelo referencial, él era el indicador. Siempre que los profetas aludían al Mesías que había de venir, se destacaba que debía provenir de la línea davídica. Su dominio y capacidad guerrera lo hicieron un baluarte importantísimo para el reino. Desde su victoria sobre Goliat su nombre fue muy conocido y famoso. Además, era un hombre sensible con un corazón conforme al de Dios. Escribió muchos salmos y se le reconoció como el dulce cantor de Israel. En fin, fue un gran líder que marcó a toda una generación.

Sin embargo, David era un ser humano normal que también tenía sus luchas personales y debilidades. En una ocasión, mientras el ejército de Israel había salido a la batalla en Rabá, él se quedó en su palacio en Jerusalén. En cierto momento en que paseaba por la azotea una mañana, pudo ver a una mujer hermosa que se bañaba y la deseó para él. Averiguó su nombre y la mandó a buscar. Al llegar la joven, que se llamaba Betsabé, se acostó con ella y la embarazó.

Cuando se enteró, decidió llamar a su esposo Urías, que estaba cumpliendo con el ejército en la batalla, y lo excusó de la guerra. Le entregó un regalo y le dijo que se acostara con su esposa Betsabé. Urías era un hombre tan honorable que debido a que sabía que Israel estaba en guerra prefirió quedarse a la entrada del palacio real para proteger al rey. Al otro día, David lo emborrachó, pero tampoco fue a su casa, sino que se volvió a quedar frente a la entrada del palacio real.

Así que David lo envío de regreso a la guerra con una carta dirigida a Joab, capitán del ejército, indicándole que pusiera a Urías al frente de la batalla, donde la lucha era más dura, para que luego lo dejaran solo y lo mataran. Joab hizo lo que le ordenaron y Urías fue asesinado a manos del ejército de los amonitas. Cuando a David se le informó el resultado del plan fraguado contra la vida de Urías, mandó a que llevaran al palacio a Betsabé y la tomó por esposa.

De esa manera, David planificó cometer adulterio con Betsabé y también orquestó una emboscada mortal contra Urías. Se había convertido en un hombre con un gran poder político y usó su posición a su favor para traicionar a uno de sus más fieles colaboradores, enviándolo a la muerte. ¿Qué piensan de lo que hizo David? (Permite que intercambien impresiones.) ¿Cómo se sentirían si fueran familiares de Urías y se enteraran de que su muerte fue planificada por el rey para quedarse viviendo con la que era su esposa? (Deja que expresen sus opiniones.)

Tiempo después, mientras David estaba tranquilo y pensando que todo había pasado inadvertido, lo visitó Natán el profeta para hablar con él. Le contó una parábola acerca de cómo un hombre rico que tenía muchas ovejas le quitó la única ovejita que poseía un hombre pobre para matarla y cocinarla. Cuando David escuchó todo, se enfureció y dijo que tal persona era digna de muerte. Natán lo confrontó y le indicó que ese hombre era él. David reconoció su error y no tuvo más opción que admitir su pecado ante Natán.

Dedica un tiempo a conversar acerca del pecado en nosotros. Pregunta:

- ¿Cómo nos sentimos cuando pecamos y le fallamos a alguien?

- ¿Qué tipo de consecuencias experimentamos cuando nos equivocamos?

- ¿Con quién contamos para compartir esa información que nos abruma?

- ¿Qué podemos hacer en esos momentos en que seguimos callando y cargando con nuestro pecado?

Forma grupos pequeños para conversar sobre las hojas de trabajo.

# Al grano: eje central

Antes de repartir las hojas de trabajo y formar los grupos pequeños, cuéntales a los chicos este caso real y hazles algunas preguntas.

*Cristina es una joven cristiana que disfruta de vivir al máximo. No se pierde una reunión de su ministerio juvenil y siempre está dispuesta a colaborar en lo que se le pida. Hace unos días su maestra en el colegio le dio una carta de advertencia que tenía que traer firmada por alguno de sus padres, pues no trajo los libros al salón de clases. Ella sabía que esa carta los entristecería, por lo que decidió falsificar la firma de su mamá sin que ella lo supiera.*

*Al llevar la carta al día siguiente, la maestra notó algo raro en la firma y se comunicó directamente con la madre de Cristina. En ese momento sus padres se enteraron de que ella había cometido la falta, pero peor aún, también supieron que había falsificado la firma de la mamá sin decirles nada. Sus padres estaban muy tristes. Ellos la confrontaron y Cristina aceptó que se había equivocado. La chica cristiana con un buen testimonio había cometido una falta y prefirió callar en un principio, de modo que ahora tenía que enfrentar las consecuencias de estar todo un mes sin poder salir a compartir con sus amigas.*

Dedica unos minutos a preguntarles a los jóvenes que harían en el lugar de Cristina. Explícales que decir lo que hemos hecho y está mal siempre resulta doloroso, pero callar es peor. En muchas ocasiones preferimos creer que podemos manejar solos el secreto, pero tarde o temprano nos alcanzará.

David sabía que se había equivocado y escribió Salmos 32 y Salmos 51. Allí describió cómo se sintió al pecar contra Dios y su prójimo. Estos son unos de los salmos más conocidos y representativos de la confesión debido a la riqueza expresada a través de la honestidad de un corazón arrepentido. La confesión de pecados es una de las disciplinas espirituales más importantes.

## Aplicaciones

No hay nada más destructivo que esconder nuestros pecados. Sabemos que el pecado en sí mismo es malo, pero cuando lo ocultamos de otras personas, la carga se vuelve muy pesada. Nos atamos a esos pecados que se esconden en nuestra mente y corazón. El pecado entristece a Dios, pero le duele más todavía cuando preferimos desconfiar de otros amigos creyentes que nos pueden ayudar en esos momentos. No hacerlo significa escoger vivir en soledad, y resulta mucho más fácil abandonar el camino si no vivimos en comunidad.

Nuestro caminar con Dios se fortalece cuando les rendimos cuentas a otras personas. Confesarles a otros los problemas con los que luchamos nos ayuda a corregir lo que está mal. Un buen compañero a quien rendirle cuentas nos ayudará a manejar las tentaciones y nos asistirá a fin de encontrar la dirección de Dios en esos momentos.

Por eso es tan importante que identifiquemos bien quién puede ser nuestro compañero de rendición de cuentas. Si acudimos a alguien que es inmaduro espiritualmente en su relación con Dios, no recibiremos el mejor consejo o apoyo. En cambio, una persona madura nos puede ofrecer ayuda y un buen consejo para esos momentos. Por otro lado, la falta de confesión nos puede llevar a no encontrar el perdón que tanto necesitamos. Una de las mejores cosas de desarrollar la disciplina espiritual de la confesión es que nos capacita para vivir en libertad y transparencia.

«Por eso, confiésense unos a otros sus pecados, y oren unos por otros, para que sean sanados. La oración del justo es poderosa y eficaz» (Santiago 5.16).

Pregúntales:

. *¿Quiénes son las personas en las cuales más confías?*

. *Piensa en una o dos personas que sean fuentes de confianza de modo que puedas rendirles cuentas.*

A fin de desarrollar la disciplina espiritual de la confesión, podemos recomendar algunas sugerencias:

- *Encuentra a una persona a la que le puedas rendir cuentas de tus actos. Debe ser una persona con la que te sientas cómodo. Asegúrate de que sea alguien que te pueda ayudar a crecer y aprender.*

- *Haz una lista de tus pecados. A pesar de que puede ser algo depresivo anotarlos, esto te ayuda a identificar las áreas de tu vida en las que necesitas trabajar y facilita el proceso de la confesión.*

- *Domina el orgullo. La parte más difícil de la confesión es aprender a ser perdonados. El pecado resulta vergonzoso. Se requiere mucha valentía para comenzar a confesarnos, pero es algo más liberador de lo que puedas imaginar.*

- *Acepta el perdón de Dios. No hay pecado que Dios no pueda perdonar. La confesión nos presenta el carácter de Dios en lo que respecta a sanar nuestro corazón y nos recuerda que tenemos que perdonarnos a nosotros mismos.*

Ora por los chicos, que tengan una mente abierta y un corazón maduro a fin de poner en práctica la disciplina de la confesión.

## Memorización de versículos

¡MEMORIZA!

Hay mil formas de que aprendan el verso. Puedes usar premios, competencias, recursos nemotécnicos, repeticiones, canciones, etc. Sé creativo al respecto.

*«Si confesamos nuestros pecados, Dios, que es fiel y justo, nos los perdonará y nos limpiará de toda maldad». 1 Juan 1.9*

# Hoja de trabajo
## EJE CENTRAL: LA BENDICIÓN DE LA CONFESIÓN

La confesión de pecados es una acción que requiere valentía y humildad. Optar por quedarnos callados produce grandes tensiones que no permiten que el corazón emprenda su camino hacia la libertad. Vemos que el primer paso que David dio frente a la represión del profeta Natán fue arrepentirse y admitir sus malas acciones.

. *¿Cuán dispuestos estamos a admitir nuestros errores?*

. *¿Qué hacemos para manejar las consecuencias?*

Lo segundo que hizo David fue escribir Salmos 32 y Salmos 51 como testamentos de su corazón para sanar su dolor. Consideremos el ejemplo de David.

Lean Salmos 32

**1.** ¿Por que David llama dichosos o bienaventurados a los que se les perdonan los pecados? _____

_____

**2.** ¿Qué produjo el silencio en su corazón? _____

_____

**3.** ¿Qué quiere decir eso para nosotros como jóvenes? _____

_____

**4.** Cuando David se ve enfrentado por Natán, se arrepiente y se retira en oración. Luego de eso escribe Salmos 51. _____

_____

Lean Salmos 51

**1.** ¿A qué se refiere al declarar que siempre tiene presente su pecado? (vv. 1-5).

_____

_____

**2.** ¿Cómo David se sentía en su corazón? (vv. 10-13). _____

_____

**3.** ¿Qué compromisos estuvo dispuesto a asumir a raíz de esta acción? _____

_____

**4.** ¿Cuál es nuestra mejor ofrenda de adoración a Dios? (vv. 16-17). _____

_____

Escribe un una hoja en blanco un salmo que le hable a tu corazón acerca del perdón de Dios y su cuidado para tu vida. Puedes poner de manifiesto tu sentir en forma de canción, poema o cualquier otra expresión. Compartan entre todos y celebren la bendición del perdón.

**¡ESCRIBE!**

**¡ESCRIBE!**

**¡ESCRIBE!**

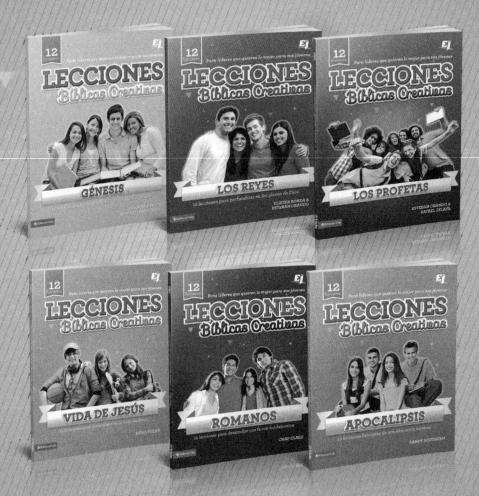

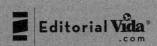
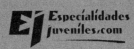

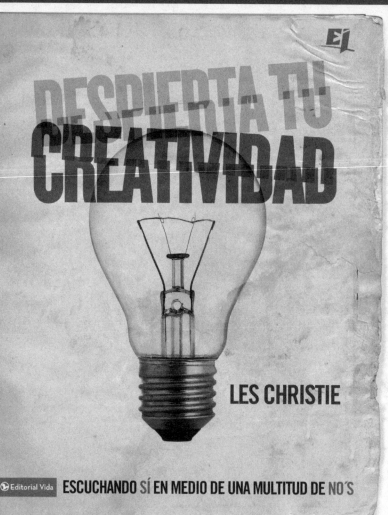

ESCUCHANDO **SÍ** EN MEDIO DE UNA MULTITUD DE **NO'S**

# si
# trabajas
### con jóvenes
## nuestro
# deseo es
# ayudarte

**EJ Especialidades Juveniles.com**

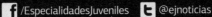

*Nos agradaría recibir noticias suyas.*
*Por favor, envíe sus comentarios sobre este libro a*
*la dirección que aparece a continuación.*
*Muchas gracias.*

*vida@zondervan.com*
*www.editorialvida.com*